炬火

讲述东北大学研究生支教团的故事

张忠英◎主编

辽宁人民出版社

图书在版编目（CIP）数据

炬火：讲述东北大学研究生支教团的故事 / 张忠英主编. —沈阳：辽宁人民出版社，2023. 12
ISBN 978-7-205-10992-9

Ⅰ. ①炬… Ⅱ. ①张… Ⅲ. ①不发达地区—教育工作—概况—中国 Ⅳ. ①G527

中国国家版本馆CIP数据核字（2023）第232414号

出版发行：辽宁人民出版社
地址：沈阳市和平区十一纬路25号 邮编：110003
电话：024-23284321（邮 购） 024-23284324（发行部）
传真：024-23284191（发行部） 024-23284304（办公室）
http://www.lnpph.com.cn
印 刷：辽宁新华印务有限公司
幅面尺寸：170mm × 240mm
印 张：10.75
插 页：4
字 数：205千字
出版时间：2023年12月第1版
印刷时间：2023年12月第1次印刷
责任编辑：郭 健 张婷婷
装帧设计：G-Design
责任校对：吴艳杰
书 号：ISBN 978-7-205-10992-9

定 价：66.00元

东北大学党委书记郭海、党委副书记王玉琦同研究生支教团成员合影

时任团中央书记处书记徐晓为东北大学研究生支教团题词“予人玫瑰，手有余香”

前　言

到新时代新天地中燃烧青春芳华

青春似火，微光如炬。赓续传递，生生不息。东北大学自2006年加入共青团中央和教育部共同组织实施的“中国青年志愿者扶贫接力计划研究生支教团”项目，已连续派出17批共250名志愿者，赴新疆、云南、四川、江西等地开展支教志愿服务，累计服务近20所中小学，扎实开展教育教学、志愿服务及乡村振兴工作，服务受众超10000人。

“人生万事须自为，跬步江山即寥廓。”习近平总书记在纪念五四运动100周年大会上的讲话中指出，“新时代中国青年要珍惜这个时代、担负时代使命，在担当中历练，在尽责中成长，让青春在新时代改革开放的广阔天地中绽放，让人生在实现中国梦的奋进追逐中展现出勇敢奔跑的英姿”。经过十余年接力奉献，东北大学研究生支教团项目已成为东大学子迈步新时代、在中国式现代化建设中挺膺担当的生动课堂。一批又一批志愿者高扬理想、脚踏实地、甘于奉献，在服务他人、奉献社会中收获了成长与进步。东北大学研究生支教团得到了社会各界的广泛关注，《人民日报》《光明日报》《中国教育报》《辽宁日报》《沈阳日报》《沈阳晚报》以及新华网、人民网、中国青年网等多家媒体进行了深入报道，产生了良好的社会影响。

2016年，东北大学研究生支教团被授予第十一届中国青年志愿者优秀组织。翌年，共青团东北大学委员会在梳理总结东北大学研究生支教团项目的基础上，编写《西部十年》一书，完整记录了东北大学研究生支教团十年接续

东北大学校长冯夏庭、副校长徐峰与研究生支教团成员合影

东北大学第二十五届研究生支教团出征

奉献的青春故事。正是这些“感人的人、动人的事”，见证了东北大学研究生支教团过去十年的发展，同时也翻开了新时代的青春新篇。

从茫茫戈壁到云南大山，从天府之国到革命老区，上千公里的路程挡不住青春的号召，三尺讲台的互动，拉近

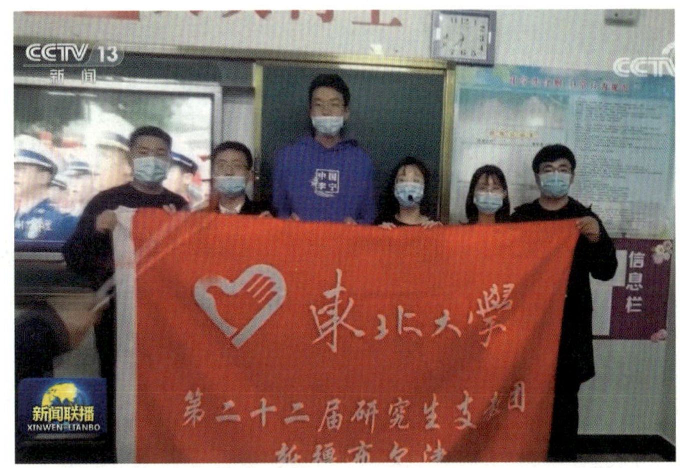

《新闻联播》报道东北大学第二十二届研究生支教团相关事迹

研究生支教团成员马玥璠在东北大学百年校庆晚会中汇报演出

了心与心的距离。一名又一名支教队员，用他们真诚的爱心与如火的热情，点亮了孩子们心中的希望之光，温暖着每一位受到帮助的人。《炬火》作为《西部十年》的续作，以 2017 年后东北大学研究生支教团的故事为线索，全方位讲述支教队员们如何通过支教完成个人的成长和蜕变，在新时代的山乡巨变中谱写志愿服务的动人诗篇，脚踏实地走上大有可为的广阔舞台。

本书的视角中，有不同服务时间、不同服务地的支教团成员代表，有服务县及服务学校的见证者，也有从西部支教教室走进更高学府的学生代表……在他们的分享和讲述中，有“这条小鱼在乎”的执着与坚守，有“一朵云推动另一朵云”的思考与奉献，有“我们会在更高处相遇”的约定与豪言。从这些相似的片段中，能够看到东北大学研究生支教团始终如一的初心，能够总结支教工作特色育人提升的成效，能够感受奉献西部对于服务双方一生难忘的青春收获。

九万里风鹏正举，新征程踔厉奋发。本书编写之际，时值东北大学建校 100 周年。对百年奋斗历史最好的致敬，是书写新的奋斗历史。谨以此书致敬每一位奔赴山海、无私奉献的研究生支教团志愿者，感谢每一位关怀支持东北大学研究生支教团工作的伙伴和朋友，鼓劲每一位心怀远大理想、立志报国担当的新时代青年。

习近平总书记说：“青年一代有理想、有担当，国家就有前途，民族就有希望，实现中华民族伟大复兴就有源源不断的强大力量。” 相信并期待本书能带领读者感悟东北大学研究生支教团在奉献西部、服务家国中的责任与担当，引领更多的青年学子坚持与祖国同行、为人民奉献，积极投身中国式现代化建设，以青春梦想、用实际行动到基层建功立业，让青春在全面建设社会主义现代化国家的火热实践中绽放绚丽之花！

本书编委会

2023 年 9 月

目　录

第三章

第四章

第一章

微光如炬
三尺讲台润物无声

走出东大校园，站上三尺讲台，他们努力适应教学工作，实现了从学生到老师的身份转变；从初为人师，到善为人师，他们积极探索教学方法，培养了从青涩到熟练的教师技能。先当学生，后当老师，他们虚心求教，不断攻克教学上的种种难题；既当老师，又当学生，他们以身立教，踏上了自我价值提升的成长之旅……一支粉笔，一块黑板；传播知识，播撒希望。他们用实际行动，践行着支教的初心与使命，镌刻着自己无悔的亮色青春。

我们终将在更美好的未来相遇

第二十二届研究生支教团
张浩　新疆队

“这次模考很有进步！”

我看到手机上弹出的消息，有些恍惚。尽管已经离开布尔津两年了，却好像一转身就可以看到那些穿着蓝白相间校服的少年们笑着向我招手。

5 月末的沈阳已经初具盛夏的炽热，3000 公里外的布尔津仍是一片凉爽，而我的小朋友们已经到了收获的季节。高考即将来临，他们将要带着梦想走向四面八方，这对我而言是无比幸福的场景。

“戒骄戒躁，稳步前行！”

我在对话框敲下这行字，向看不见尽头的西边望去。那一刻如果思念有颜色的话，一定会是喀纳斯河的碧蓝色。

“老师，我们一起努力”

作为他们的新手化学老师，我和他们的初次相遇并不是那么顺利。

“老师好！”

教室里几十个少年站得整整齐齐，一张张稚嫩的脸上带着笑意，眼光中充满了期待。我站在讲台上，手足无措，愣了许久才示意大家坐下。翻开书本，我急躁地一遍又一遍地给他们念着定义，黑板上的字密密麻麻写了一大堆，毫无章法。看着他们迷惑的神情，我的脑子一片空白，背过身去将粉笔使劲顶在黑板上，那一刻愧疚盈满了我的内心。

从那天起，我开始频繁出现在老教师的课堂里，晚上回去就在网上继续听课。一开始我只能生硬地仿照着去给学生们讲，慢慢地我也有了一套自己的备课思路和讲课方式，和学生们也越来越熟悉。

化学知识点繁多，而学生们的基础又很差，我就从大量的学习资料里筛选出最重点的内容，手写成框架图印发给他们；学习没有热情，我就给他们搜集相关的视频，带着他们一起去完成各种创造性的实验，不再拘泥于课本的内容。在我突发奇想的“创造色彩”实验中，大家通过化学反应制造出了十几种颜色的试剂，然后纷纷和自己引以为傲的作品合影留念，笑声无疑是课堂最完美的助燃剂。

课余时间里，我也会和他们聊聊天，说说我在大学和去到其他地方的经历。“新疆很大，但新疆之外还有很广阔的天地。有高楼直耸入云，古城巍峨伫立，江南烟雨蒙蒙，海洋宽阔无垠，你们都会拥有美好的未来，然后去看更多不一样的风景。”我指着窗外的天空坚定地对他们说。

“老师，我们一起努力。”

我回过头看着他们，希冀的眼神中充满光明。

“我在上课的时候睡了很多次觉，但我这次真的听懂了”

张浩在化学课上指导孩子们做实验

经过一上午 3 节课连上的摧残后，我拖着沉重的脚步回到办公室。几近瘫倒地坐在椅子上，桌上还堆着成山的作业，这种劳累让我有些烦躁。

一个很瘦的男生突然站到了我面前。他好像是一路跟着我过来的，我知道他的名字，但是并没有很深的印象。他平时并不活跃，学习上也不积极，从来都没有和我说过话，我有些疑惑地看向他。

“有什么事吗？”

我的声音有些沙哑。我看到他白皙的脸变得涨红，像是鼓起很大的勇气才终于决定开口。“老师，也许你都不认得我，我从初中升上来以后，什么都学不会，然后就不想学了，每节课都睡觉，但是今天我抱着试一试的想法听了一节课，我发现我听懂了。我真的很开心，我觉得好像我也没有那么差，我又想学习了。”

我惊愕地看着他，一时间不知道该说些什么。他看我没有说话，以为是我不相信他，着急地又重复了一遍，“老师，我在上课的时候睡了很多次觉，但我这次真的听懂了。”

那一刻我的自豪感油然而生，疲惫一扫而空。我起身使劲拍了拍他的肩膀，他的个子已经长得比我还高了。我看着他的眼睛，对他说：“我相信你，我也为你感到高兴。”他的脸上露出灿烂的笑容，鞠了一躬后飞快地跑了。

从那之后，每次上课我都能看到他认认真真地听讲，课后还会拿着书本来问我问题。成绩进步得飞快，我也越来越有干劲。直到现在我仍然觉得他对我说的这番话是我收到最珍贵的礼物，也是对我人生价值的最大肯定，根本没有谁拯救谁，是我们都在变成更好的自己。

“不管什么时候，只要你们需要”

回去的第一个假期，他们考试的前一天，我们又以另外一种方式见面了。

“老师，我们有些题不会，明天就考试了，你能不能给我们讲讲呀？”

我收到消息的时候已经是晚上 12 点了，回来才感觉到两个小时的时差如此

张浩与新疆布尔津县的孩子们合影

真实。

“没问题。”

我麻利地穿好衣服，支好小桌，打开线上会议，一个个熟悉的面孔映入眼帘。大家笑呵呵地摇着手中的练习题，深夜答疑会正式启动。家人已经休息了，我小声地讲解着一道道题目，草纸翻了一页又一页，终于完成了所有任务，在一声声“老师再见”中功成身退。

有时候我还要承担起非本行的工作。数学题、物理题，甚至情绪低落时的心理问题，我努力去解答他们的每一个问题，也尽可能站在他们的角度上开导他们，帮助他们排解压力。我很开心可以用这样的方式一直和他们保持着联系，能够见证他们的成长真的是一件很美好的事情。

我的课代表在我离开支教地后问我，“老师，以后我们还可以随时问你问题吗？”

“不管什么时候，只要你们需要。”

“前程似锦”

我有一个小盒子，里面装着那一年我最温暖的回忆。

“张老师，看您昨天嗓子不是很舒服，这是七班给您的喉片，注意保护嗓子哦！”

“亲爱的张老师，大人也是过期的小朋友，‘六一’快乐！”

“献给最亲爱的浩哥，教师节快乐！”

“别想家，马上就回家啦！”

盒子里还有孩子们写给我的一封封信，“六一”的时候让我在他们袖子里抽出来的长长的棒棒糖，有宇航员小玩偶、漂亮的徽章，还有他们画的我和他们。临别的时候我的课代表把我们的照片都洗出来，装在相框里送给我，还有每一张我给她批过的试卷，写上了日期和我们一起经历的故事。他们还给我送了花，那束花至今仍盛开在我的记忆里。

“前程似锦”的礼物

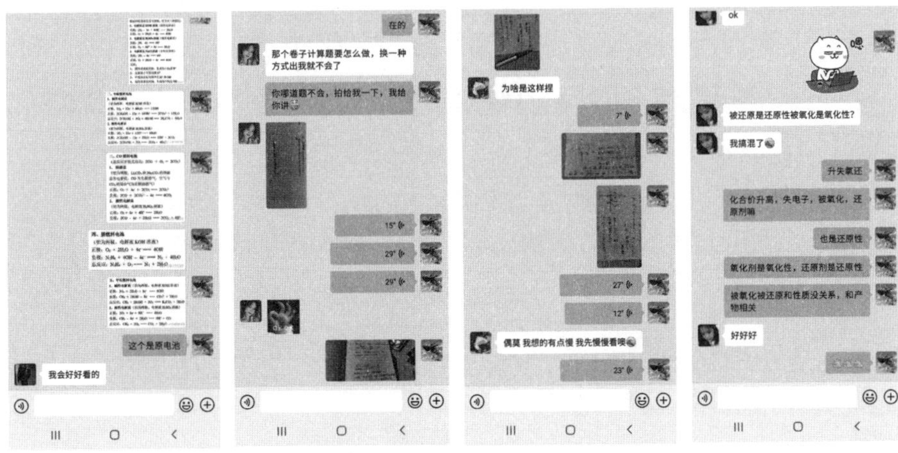

张浩在课余时间线上辅导孩子们学习

那几天我说得最多的一句话就是“很幸运我能成为你们的老师、你们的朋友、你们的哥哥”。我真的是一个很幸运的人，能够遇到这样可爱善良又纯洁的孩子们，比起我给他们的，他们给我的好像更多一点。生命何其漫长，又何其短暂。几乎每封离别信的结尾，他们都会用“前程似锦”来为我祝愿，如今到了我为他们祝福的时候了。

愿远方的小朋友们，前程似锦。

我爱极了那个叫做布尔津的地方，爱极了和我相遇的每一个孩子。我和无数个支教的年轻人一样，把满心热忱献给了这里，而他们也报我们以最大的温暖和善意。用一年不长的时间，做一件终生难忘的事，永远都不是一句空话。

这便是我和他们的故事，但我们的故事没有结束，我们终将在更美好的未来相遇。

布尔津县

布尔津县位于新疆维吾尔自治区北部，阿尔泰山脉南麓，北部及东北部分别与哈萨克斯坦、俄罗斯、蒙古国接壤。下辖 4 个镇、3 个乡，有 21 个民族居住于县境内，其中哈萨克族占总人口的 58%。

“布尔津”源于卫拉特蒙古语，意为放牧 3 岁公骆驼。据说很早以前曾有位老人在河边以牧驼为生，他的驼群中，以 3 岁公骆驼居多，因而称此河为布尔津河。布尔津县因布尔津河而得名。被誉为“人间净土”的喀纳斯就位于布尔津县境内。

爱与知识 无畏山高路遥

第二十三届研究生支教团
牛锦华　云南队

昌宁，一个中国西南的边陲小城，距离东北大学 3748 公里。回想那年，我曾在这里遇见了最蓝的天、最白的云、最美的学生，也感受到了最真诚的笑脸和最淳朴的热情。在这片祖国西部的崇山峻岭，我们留下了专属于东大人的足迹……

大山深处：一所只有 29 个学生的民族小学

绕过成百上千道弯，汽车沿着蜿蜒的山路穿越林海，翻过大山，终于停在

牛锦华和队友陪同民族小学学生用黏土作画

牛锦华为学生日常授课

了半山腰上。在绿树的掩映中，一所“瘦小”的民族小学钻入眼帘。我和队友跟随东北大学乡村振兴教师孟老师、朴老师，经过4个小时的颠簸，跨越百余公里，来到了这所只有29名学生的小学——谷满村傈僳族苗族彝族完全小学。

谷满村，位于云南省保山市昌宁县珠街彝族乡，平均海拔1650米。村落周围群山环绕，距乡政府47公里，距县城121公里。谷满村完小是村里唯一一所少数民族小学，校舍坐落在半山腰上，出了校门，还是大山。1名校长，2名教师，29名学生，就是这个学校的全部。相比于城市里一所学校动辄几千名学生而言，这所学校可以说是一所“袖珍”小学。

“黏土也能作画？”小朋友们惊讶的眼神震撼了支教队员们。超轻黏土对于城市里的孩子来说可能司空见惯，在这里却是新奇的玩意儿。小朋友们用五颜六色的黏土在画框里拼接出了蓝天、白云与鲜艳的五星红旗，一堂生动的美育课就此开始。“因为山路遥远，我们学校的孩子们大多是留守儿童，从一年级就开始住校了，缺少父母和家人的陪伴，更缺少接触外界的机会，”校长越说越激动，“非常感谢大家来看望孩子们，让他们不再孤独。”

育人育心：一堂关于梦想与远方的启蒙课

“我要好好锻炼身体，好好学习，考上一个好大学，去看看外面的世界。”一个晴朗的上午，昌宁县第三中学的礼堂传出阵阵掌声。随风散落的雪花、东大校园的落日余晖、偌大的图书馆、丰富的社团活动，让 700 多名同学更近距离地看到了外面的世界、感受到了大学生活的精彩。我和队友们结合自己的成长经历生动讲述，让每一个孩子在心中描绘了一幅逐梦未来的蓝图。同学们踊跃地举手发言，大声地诉说着自己的梦想。

东北大学研支团在昌宁开展“我的大学梦”课堂

“在来之前，听说过山路难走，但没想到这么蜿蜒崎岖；听说过基础条件薄弱，但没想到整所学校竟没有一套统一的校服；知道小朋友们没接触过外面世界，但没想到习以为常的物品在这里竟成了稀奇东西。”支教期间，我在日记本上写下了这么一段话。但是在接触到孩子们的那一刻，这些担忧便烟消云散。他们的眼中盛满了动人的光亮，渴望大海的波涛，渴望丰富的知识，渴望目光还未触及的风景，渴望双脚还未踏足的远方。我更加感受到自己肩上的责任之重大，使命之光荣。

趣味课堂：一场探索未知的科学之旅

“嘭！”一声巨响后，几米开外的杯子散落在地。同学们一个个瞪大了眼睛，发出阵阵惊叹。我们正与初中的同学们一起完成“空气炮”“大象牙膏”等科学实验。无形而强大的气流、快速膨胀的化学试剂，这些神奇的现象在同学们的手中一一揭开了神秘的面纱。在这里，科学不再被束之高阁，东北大学研支团用最常见的生活用品为山区孩子们创造了一个又一个科学奇观，让孩子们第一次感受到了知识的力量。

这些年，乡村的学校早已旧貌换新颜，现代化的教学楼、宿舍楼、图书馆、多媒体教学设备等也一应俱全。基础设施改善的同时，东大研支团也在不断创新教学理念，为同学们播撒下科学的种子，让更多学子踏上科学探梦之旅，用这艘

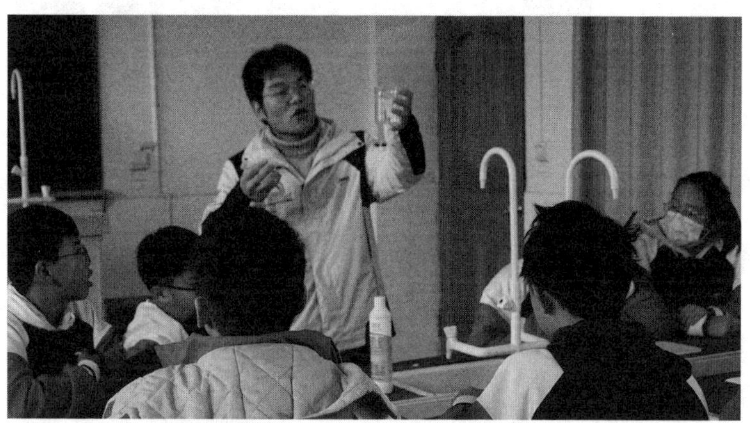

东北大学研支团在昌宁开展趣味科学课堂教学

东北大学研支团教学日常

东北大学研支团活动剪影

游弋在东北与西南的科学之船，承载起西部学子新的梦想。

在祖国西部这片热土上，东北大学研究生支教团的同学们挥洒青春汗水，扎根滇西大地，悉心教书育人，用热情与希望浇灌着每个孩子的灿烂梦想，用服务与奉献书写着独一无二的青春诗篇。风雨兼程的日子始终是忙碌的、疲惫的，却从来都不是无趣的、痛苦的，因为我们始终坚信：爱与知识无畏山高路遥。

东北大学研支团云南队师生合影

昌宁县

昌宁县位于云南省西部，隶属于云南省保山市，属低纬山地亚热带季风气候。下辖9个镇、4个乡，有彝族、白族、傣族及回族等少数民族居住于县境内。

昌宁是一个多民族山区农业县，山区面积97.05%，盛产水稻、玉米、小麦、茶叶、核桃等作物。2018年，昌宁县在保山市率先实现脱贫摘帽。2019年，62个贫困村全部脱贫出列。2020年，88508名贫困人口全部脱贫退出，全面消除绝对贫困。

把根扎在我的第二故乡

第二十三届研究生支教团
管玉蓉　四川队

“管老师，一定要常回来看看呀……”

“小管，等你再回来嘛，这里永远都是你的家……”

2021 年 7 月，我以支教老师和西部计划志愿者的双重身份来到四川省三台县。那时的我也许并不会想到，我会在这样一个小县城里扎下根，也种下最深的情。

播下“故乡”种

迎接我的第一个工作就是疫情防控。7月末，我和几个志愿者一起在当地社区网格员李大哥的带领下进行疫苗接种信息采集和防疫宣传工作。炎炎烈日，我们需要顺着台阶走到每一层楼每一户家里，亮出自己的工作证，听着李大哥问着每一户居民：

“打疫苗没得？”

“打得好多针嘛？”

“你们家还有几个人嘛？”

“他们住在哪儿？”

“他们打没得？”

……

在北方生活了20多年，可以说我对四川话是一窍不通。李大哥每问完一句，就抬眼看着我们登记，一看到我们卡住，就知道我们几个北方人又是听不懂了。这时，李大哥就会将他接收到的信息转化成“川普”给我们复述一遍，我们则像做听力一样努力地接收信息并做好记录。

但我们不能一直带着李大哥做“翻译”，也要独立开展工作，在这过程中最难的就是和上了年纪的婆婆爷爷们沟通，他们说了大半辈子四川话，口音很重，又听不懂普通话，我们就只能一点点猜测，然后反复确认，经常一下午只能走访几家。

渐渐地，我对四川话越来越熟悉，工作流程也越来越熟练。慢慢地，我甚至也可以用磕磕绊绊的四川话和嬢嬢交流了：

“嬢嬢，你们家里有好多人嘛？”

“他们在哪里上班嘛？”

“他们单位组织打疫苗没得？”

“你们家幺儿也是在县医院打的吗？”

……

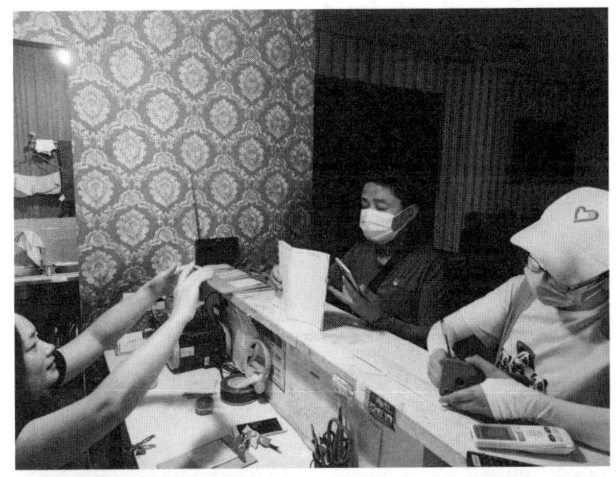

管玉蓉及队友进行接种信息采集和防疫宣传工作

“谢谢嬢嬢，天气炎热注意避暑哦！”

39℃高温，4栋楼，28层，一层6户，共计672户，一级一级台阶走上去，一扇扇房门被敲开，一字一字写下信息，一本一本装订成册。这一个个数字，见证了我的成长。

一路上，我遇到的每一个居民都在很真诚热情地配合。有些上了年纪的婆婆（四川话中对于祖母、外婆的叫法）、爷爷在接到社区通知说近期有志愿者上门登记信息后，怕儿女不在家，自己还记不牢信息，特地将疫苗接种信息抄写到纸上，然后再一字一字念给我们听。平日里大家也对我们非常照顾，经常问我们这边吃不吃得习惯，也会给我们送来一些自己家做的食物。作为志愿者，我很感激有一群这么可爱的人如此支持我们，对于我们的工作如此理解和肯定；作为外来者，我很感动在数千里外的他乡还能遇到如此淳朴善良的人。很快我就和大家成为家人，我也在异乡找到了家的感觉。

管玉蓉镜头中的三台

扎下“故乡”根

不久，学校开学了，我们的工作也从防疫工作转变为教学工作。我担任了一年级的副班主任和数学老师，从此开启了每天绞尽脑汁想着怎么把我们班娃娃的数学教好的日子。

当时班上有一个小朋友，父母离异，母亲经营一个小服装店，没有时间照顾他，因此每天都是他的外婆来学校接送。这个娃儿学习成绩并不是很好，所以每每到午休时间或者放学后，外婆还没来接他的时候，我们俩就在办公室一起学习。起初，我拿出课本，让他计算 8 减 5 等于几。就见他小眼珠一转，不假思索告诉我：

“等于 6！”他的语气坚定有力又自信满满。

一瞬间我的心里五味杂陈。我尽可能用温柔的声音告诉他：“不对，再算算呢？”

他小眼珠又一转，然后用试探的语气询问我：

“等于 4？”

……

我只好换一种问法。

“原来你有 8 块糖，吃了 5 块，现在你兜里还剩下几块啦？”

“老师，我不知道啦。”

一种无力感涌上心头，我只得转身从抽屉里拿出 8 块糖，让他自己数出来 5 块送给我，然后问他现在还剩下几块糖，并告诉他，算对这糖就归他了。

在经历了好几次失败后，终于得到了我梦寐以求的答案。此后，办公室经常见到我们俩一起学习的场景，他的成绩也在点滴的学习中，有了很大进步。

我在办公室备课，见窗外有一个小脑袋不停朝里面张望。我走到门口叫他进来，问他做什么。他的小脸儿一下子就变红了，扭捏地从兜里拿出一块糖。他告诉我这是妈妈奖励给他的，因为他数学考了 98 分，所以他就去超市买了糖找我一起分享，还告诉我他要争取下次考 100 分。就是这个时候，我看到了孩

管玉蓉与班级学生合影

子眼里的小星星，他也看到了我脸上和他一样自豪的笑，我心中那棵小树苗在三台将根扎得更深了。

时光划过水面，泛起阵阵涟漪。一年即将结束，在三台，我的第二故乡，一棵名为“东北大学研究生支教团志愿者”的小树，就像几十年前东北大学一样，在这个地方把根深深地扎进了土壤。我付出了真心，也收获了真情。在三台，我经历了基层工作者的艰辛，感受到人民教师的不易，体会过看到自己丰硕成果时的骄傲感和喜悦感，也真真切切感受到作为一名志愿者的光荣和责任。“天底下之所以盛世太平，不过是有人在前负重前行”。不论是抗击疫情，还是支援教学，我们都在自己的岗位上兢兢业业，希望用自己的点点星光照亮前行未知的路。今后，我愿本着心中的责任感和使命感，秉持着不变的坚守，把根扎在更多祖国需要的地方。

三台县

三台县位于四川盆地中偏西北部，隶属于四川省绵阳市。下辖 31 个镇、2 个乡，有汉、回、藏等 11 个民族居住于县境内。

三台县始源于西汉郪县，素有“川北重镇、剑南名都”之美誉。1938 年东北大学曾迁移到三台县，这座城不仅保留了东北大学的根脉，同时东北大学也在这里得以发展壮大。三台对于东北大学来说是一个安全的避风港，东北大学也为三台带来了先进的文化知识，结下了悠久的历史渊源。

乐动青春

第二十一届研究生支教团
关伊含　江西队

2019 年 8 月 28 日，我依稀记得那天很是炎热。我收到了承担耀邦红军小学一年级所有音乐课教学的任务，故事就从这个下午开始了。

我小学的时候就很喜欢上音乐课。那是一段轻松且愉快的时光，影响着我在后来的日子里也一直热爱音乐。现在的我，能否像我幼时的音乐老师一样，给耀邦红军小学的孩子们带来一样的感受呢？

带着忐忑和不安，也带着一丝跃跃欲试的激动和雀跃，我开始了我的备课“大业”。我先是向学校的音乐课骨干教师和德育处的主任取经，

关伊含镜头下的孩子们

他们告诉我小学学段的音乐教育主要是为了让学生们有更加丰富的生活，也初步开展美育教育。他们还把教案借给我参考。我就这样跌跌撞撞地开启了音乐老师的工作。从此，我出现的地方总伴随着跳动的音符和稚嫩的童声。

在一年的教学中，我印象最为深刻的是《野蜂飞舞》鉴赏课。《野蜂飞舞》是一首世界名曲，具有非常独特的音乐特征。我先是给孩子们讲解了这首曲子的创作背景和表达的故事，这些对于一年级的孩子来说可能有些难以理解，他们似懂非懂。但是当曲子播放起来的时候，小朋友们都全神贯注地听着，钢琴、大提琴、小提琴、双簧管、萨克斯……众多乐器声音融合演奏出急速的节奏，音符跳跃着，碰撞在一起，营造出强烈的气势和紧张的氛围，渐渐地，大家似乎真的开始感受到蜂鸣，并且开始挥动双臂，仿佛每一个人都真的变成了一只小蜜蜂，而整个班级完全变成了蜂群正在飞舞。同学们一边挥舞着手臂，一边嘴里发出嗡嗡的声音。一曲奏罢，孩子们稚嫩的脸上满是笑容，他们真正做到了感受音乐、融入音乐，这让我非常开心，音乐的种子已经在他们的心中生根发芽。

孩子们天生就具有非凡的乐感，我也会慢慢引导他们发挥自己的创造力。在识鼓课上，整个班级的孩子都尝试用敲击铅笔盒或拍击课桌的方式，配合着曲子的鼓点开始“奏乐”，形成了“蔚为大观”的“交响乐”，一时间场面十分壮观，那个场景至今仍深深刻在我的记忆里。孩子们总是能够带给我意料之外的惊喜。

春去秋来，我已然离开了共青城，但我还是很想念我的孩子们。就在写这些文字的此时此刻，我正在好奇，现在的他们是否还能记得在一年级的时候我曾经给他们上过音乐课呢？其实记得与否并不是那么重要，在彼时彼刻他们曾经笑过、在那堂音乐课上享受过，就已经足够了。而我也因为他们在课堂上全神贯注的那些神情，让我对未来的人生充满着信心。明月装饰着你的窗子，你装饰着别人的梦。支教生活亦是如此，是支教也是自教。在与孩子们接触的过程中，我找到了我曾经拥有过的那份单纯的快乐，和用纯粹眼光看

关伊含与孩子们的课堂内外

世界的那份简单。

曾与这些孩子共同生活过一年的记忆，将会变成我最宝贵的财富，变成一个个闪耀着金光的音符，让我的青春跃动欢喜。

共青城

共青城市位于江西省北部，为江西省县级市，由江西省直管，九江市代管。下辖 1 个街道、2 个镇、3 个乡。

共青城市前身是 1955 年上海青年志愿者创建的共青社，半个多世纪以来，几代共青城人艰苦创业、开拓奋进，用青春和汗水在鄱阳湖畔的荒滩野岭开辟了一片新天地，完成了从共青社到共青垦殖场、共青城开放开发区再到共青城市的蜕变，成为全国唯一一个以共青团命名的城市。

用篮球传递热爱

第二十届研究生支教团
周华章　新疆队

从沈阳一路向北，穿过大半个中国，乌鲁木齐、奎屯……四天的车程，3000 公里的跋涉，就到了我的支教地——“童话边城”布尔津。

布尔津没有灯红酒绿的城市喧嚣，也没有疾驰的车流。那里有湛蓝的天空，有晚上 10 点才能看到的夕阳西下。在我支教的神仙湾路小学，有着一个小小的篮球场，那是一个我离开 4 年，时常想回去，看到照片鼻子会发酸的地方，那里有我和一支特殊的篮球队的故事。

刚到布尔津的时候，学校缺少老师，我主动请缨，担任了六年级二班的班

周华章与六年级二班篮球队的合照

主任和语文老师。六年级的学生精力旺盛，很多时候并不乖巧，尤其是一些男孩子，他们喜欢在课上叠纸飞机，起立的时候互相撤板凳，偷偷地吃零食，有时候甚至会因为贪玩而忘记写作业。作为班主任的我也一直在想，如何能用一种这些男孩子能接受的方式，让他们约束自己的行为，把精力放在学习上。

班级里有两个孩子，因为家里住得远，午饭后便会在学校门口游荡。我发现后便叫两个孩子中午来教室里写作业，但是他们并不愿意待在教室里，经常偷偷溜走，让我很是无奈。有一天，吃完午饭后我闲来无事，便在学校的篮球场上投篮，没想到两个孩子一直趴在窗上好奇地看着我，我就招呼他们一起来玩。就这样，以后的每一天，两个孩子都会早早地吃完饭，在篮球场等着我。这件事情让我突然意识到，篮球好像可以成为一个独特的媒介，把我和他们紧紧地相连。于是，建立一支小小的篮球队的想法就在我的心里悄悄萌芽。

但现实情况给我泼了一盆冷水。学校的条件非常简陋，所谓的篮球场其实只有孤零零的两个儿童筐，没有标准的场地，也并没有按照标准画线。整个学校的孩子们从来没有接触过篮球，也没有人会玩。但是随着最初两位小队员的推广，篮球很快在学校流行起来，越来越多的孩子开始喜欢上篮球这项体育运动。班里几乎所有的男孩子都加入进来，这让我也重新拾起了信心。人多力量大，我和孩子们用油漆一点点地画好了篮球场的线，买了新的篮球，每天的课余时间带着他们一起练习，还给他们制定了球队的公约，“如果不遵守纪律就惩罚禁止打篮球一天，如果连续三天没有犯错误，就可以找老师学一个‘绝招’”。不让打篮球，已经成为他们心中最严厉的惩罚。就这样，篮球队在我和孩子们的共同努力下，成功地建立了起来。

班里的小胖子开始运动了，调皮的孩子也会在学到“绝招”后兴致勃勃地去篮球场练习。大家也越来越遵守纪律，打篮球锻炼了大家的意志，平时上课的时候大家也越来越认真。在学校的支持下，我们举办了神仙湾路小学第一届篮球赛。那个小小的篮球场，成了布尔津县众多孩子们的篮球启蒙地，每当周五放学后，总会有其他学校的孩子慕名来这里打篮球，而篮球队的孩子们也总会在这里，坚决捍卫自己的“主场”。

孩子们最初的目标，就是打赢我。对于六年级的他们来说，身体素质的差距，总让他们“屡战屡败”，但是他们依然乐此不疲地对我说：“老师，我下一次一定要打败你！”我曾与他们约定，一定会回来看他们，当我再次回到布尔津的时候，

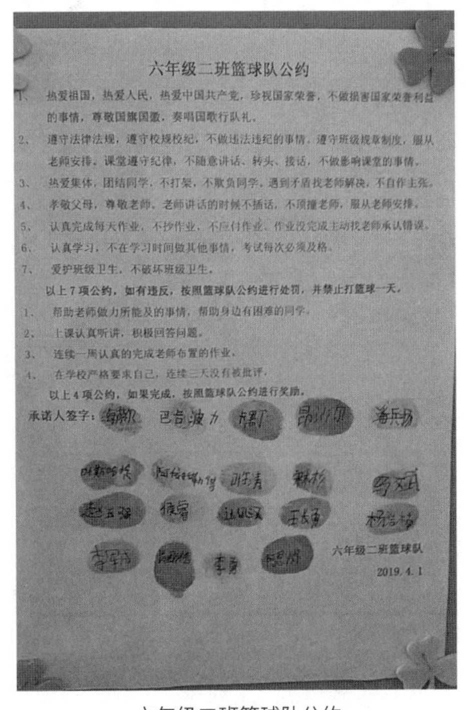

六年级二班篮球队公约

1、热爱祖国，热爱人民，热爱中国共产党，珍视国家荣誉，不做损害国家荣誉利益的事情，尊敬国旗国徽，奏唱国歌行队礼。
2、遵守法律法规，遵守校规校纪，不做违法违纪的事情。遵守班级规章制度，服从老师安排。课堂遵守纪律，不随意讲话、转头、接话，不做影响课堂的事情。
3、热爱集体，团结同学，不打架，不欺负同学。遇到矛盾找老师解决，不自作主张。
4、孝敬父母，尊敬老师。老师讲话的时候不插话，不顶撞老师，服从老师安排。
5、认真完成每天作业，不抄作业，不应付作业。作业没完成主动找老师承认错误。
6、认真学习，不在学习时间做其他事情，考试每次必须及格。
7、爱护班级卫生，不破坏班级卫生。

以上7项公约，如有违反，按照篮球队公约进行处罚，并禁止打篮球一天。

1、帮助老师做力所能及的事情，帮助身边有困难的同学。
2、上课认真听讲，积极回答问题。
3、连续一周认真的完成老师布置的作业。
4、在学校严格要求自己，连续三天没有被批评。

以上4项公约，如果完成，按照篮球队公约进行奖励。

承诺人签字：

六年级二班篮球队
2019. 4. 1

六年级二班篮球队公约

神仙湾路小学第一届篮球赛

还会和他们一起打篮球。支教结束后，我离开了布尔津，回到校园，他们经常会给我发消息分享自己的生活：“老师，您什么时候回来看我们，我现在一定可以打败你的！”我看着他们一天天长大，有的孩子甚至比我还高，与他们相处的过往便会一一浮现在眼前。

支教是一场跌跌撞撞的旅行，却拥有后知后觉的美丽。我热爱篮球，热爱这群可爱的孩子们，也热爱着西部的这片土地。我感恩支教给了我这样一个机会，让我能把我自己的热爱传递下去，生生不息。

支教那年，是老师，亦是学生

第二十届研究生支教团
卢晶芳　四川队

2018 年，我在四川三台。那一年，我作为东北大学第二十届研究生支教团的一员，与我的伙伴们致力于在三尺讲台上教书育人，也奔波在乡村扶贫、公益志愿的路上。我们收获了孩子们灿烂的笑脸，也感受了人间最朴素的真情。那一年，我是老师，亦是学生。我教授孩子们知识与思想，孩子们同样给予我温暖和力量。支教真正的意义不在于付出，而在于共同成长。

师者，所以传道授业解惑也

来到三台，我担任五年级语文老师兼副班主任。备课、上课、批改作业是我每天雷打不动的三大科目。除此之外，早自习、午餐午休、送孩子放学、开展课业辅导和心理咨询也统统包含在我的工作范畴之内，我与孩子们全天相伴。

我带的班级有 40 多个孩子，每一个孩子都是一朵独特而美好的小花。班里有个孩子小 A，他长得比同龄人都小，在语文课上一直调皮捣怪，平日里也总和班里的孩子打架。通过走访我了解到，小 A 是一个留守儿童，性格比较敏感，父母外出打工，留下他和年迈的爷爷奶奶生活。

如何改变他的状态呢？我决定从与他聊天开始，慢慢打开他的心扉。我尝试着与他沟通，给他讲一些有趣的小故事，在他的作业本上留言。他

卢晶芳为学生讲授课文

研支团成员与学生在捐赠仪式上合影

从一开始的抗拒逐渐转变，也愿意和我讲一些他的事情，慢慢地我们成为好朋友，他也越来越开朗。提高他的学习成绩是我的下一个目标。小 A 普通话不标准，背诵古诗词更是吃力，我就课后一对一纠正他的发音，每天早自习让他负责带领全班一起朗读课文。从刚开始的平翘舌不分，到后来能流利背诵诗词；从刚开始的手足无措，到后来主动自信地为同学讲题，他取得了很大的进步。

小 A 是班里孩子们的一个缩影。我倾听每个孩子的声音，也尽我所能地帮助他们。我每天在办公室认真备课，对着空教室反复试讲新课，用有趣的课件调动起孩子们的学习热情。每次考试后我都带领孩子们进行复盘，整理错题本，并设置了小奖品激励大家。一年来，全班的成绩都有了很大的提高。

卢晶芳与学生合影

士不可以不弘毅，任重而道远

除了提高学习成绩，我也想将理想、信念播种到孩子们的心中。于是，利用午休等空闲时间，我和队友们给孩子们播放精心挑选的纪录片，设立“红领巾广播站”，开展“七彩课堂”等活动，从细小的行为习惯，到宏大的理想信念，给他们传递积极向上的价值观。春天我们一起踢足球，夏天我们一起去游学，秋天我们一起拾落叶，冬天我们一起赏雪景。

我陪伴着他们，他们也陪伴着我，我们就这样一起度过了一段段充实又美好的时光。

不知不觉就到了离别的时刻。那天，我提前为他们准备了小礼物，并和班里的每个孩子都拍了一张照片留作纪念。小 A 悄悄跑过来对我说：“老师，我也想考一所好大学，以后能去看你。”我听到的时候内心又激动又欣慰，我深切地希望能用自己微薄的力量点燃孩子们内心梦想的火种，让他们更加坚定地树立用知识改变命运的信念。

如今，身处北京的我，再次回忆起 5 年前在四川那段时光，依旧会被那刻于脑海的“奉献、友爱、互助、进步”的志愿精神所感染，还是会想念那群孩子和与他们一起经历的美好。

如果说旅行的意义在于见证世界的美好，那支教的意义就是守护这个世界的美好。作为曾经的研究生支教团成员，我热爱那片土地，我喜欢那群孩子，我感恩那段旅程。接下来，我也将继续讲好支教团的奋进故事，传承好“自强不息，知行合一”的优良传统，志存高远，脚踏实地，在自己的工作岗位上发光发热。

春风化雨　新闻中的我们

愿为一滴水，汇入民族教育江河中 | 我的西部生活

西部志愿汇 2020-10-13 19:54 发表于北京

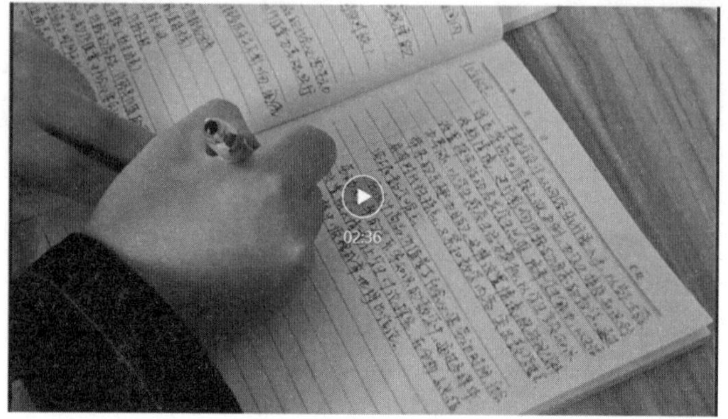

编者按：自 9 月 23 日 # 我的西部生活 # 视频征集活动发起以来，我们陆续收到许多西部计划、研究生支教团志愿者的来搞。他们将西部美好的回忆用镜头记录，与我们共同分享生活里的感动。今天呈现的是东北大学第二十二届研究生支教团新疆分队的一线教学掠影。

诵诗绘画，载歌载舞……我的才艺就是这么硬核！

原创 志小青 西部志愿汇 2020-10-10 19:20 发表于北京

国庆和中秋期间
西部计划、研究生支教团志愿者
和服务地的孩子们
吃月饼、猜灯谜
诵诗、绘画、载歌载舞
一起度过了丰富多彩的假期

他们向伟大的祖国母亲
送上了一份份真挚的祝福
让我们一起来看看吧！

第二十一届研究生支教团四川队孙璐接受央视采访

东北大学研支团志愿者在昌宁进行志愿服务

第二章

薪火相传
第二课堂播种未来

在这里，他们开办大讲堂、创建图书角、举办文化活动、开展体育运动，让孩子们在课堂内外尽情收获。一堂堂跨越千里的云端课堂，一本本满载祝福的书本画册，一件件承载爱心的心愿礼物跨越千万里，从白山黑水走向西部山区，多姿多彩的活动是他们与孩子们的宝贵回忆，更是打开了孩子们探索世界的那扇窗，为孩子们的未来插上了梦想的翅膀。他们用汗水浇灌西部的土地，把担当融入祖国的山河，让青春焕发绚丽光彩。

『童话边城』绽放支教之花

第二十一届研究生支教团
王新钰 新疆队

“老师，祝您节日快乐，我很想您。”

看着哈萨克族学生努什瓦提发来的古尔邦节祝福信息，我的思绪飘向了千里之外的新疆。

我叫王新钰，是东北大学第二十一届研究生支教团的一名支教教师。这是我与哈萨克族娃娃们的故事。

2018 年，我前往学校定点帮扶的云南省昌宁县开展社会实践，在与留守儿童相处的日子里，我萌生了支教的想法。2019 年，我报名参加东北大学第

王新钰与学生们合影

二十一届研究生支教团，作为新疆队队长来到祖国的边陲小城新疆布尔津县。

“胡杨树下，驼羔低鸣；奶锅飘着，一轮月亮”，这是我初到新疆的印象。布尔津县有着“童话边城”的美誉，那里有我心中最蓝的天、最白的云和最纯真的哈萨克族娃娃。

在布尔津县高级中学，我的第一届学生有着长长的名字，他们常把冬不拉带在身旁，把马和歌看作自己的翅膀。他们相信自己是白天鹅的后裔，纯洁、自由、美好。

我和孩子们的故事要从一张“开了天窗”的试卷讲起。

“试卷上怎么什么都没写？是不会做吗？”一次测验让我近距离接触了那个总是低着头的男孩努什瓦提，也第一次看到他那双特别的眼睛。因为先天性左眼失明，他把自己严严实实地封闭起来。

我想为这个孩子做些什么。

我开始走近他，了解他。他和父母姐弟住在一顶毡房里，除了上学的时间，他就与牛羊为伴，或在草原上骑马。

如何打破孩子目前的封闭状态？我决定先从课堂参与入手。在孩子们觉得最沉闷无聊的习题讲授课上，我让孩子们当小老师，自己讲题，并为他们设计了抽奖环节。

抽到“愿你眼里永远有光”的寄语，奖品是眼贴；抽到“你心目中的大学是什么样子”的寄语，奖品则是印有大学建筑的明信片；而“好记性不如烂笔头”寄语的奖品是中性笔……

慢慢地，孩子们和我成为朋友。但成为小老师的路上充满了挑战与艰辛。

努什瓦提普通话不标准，不愿意回答问题，我就一对一教他学习方法，纠正他的错误发音。40 分钟里，从学习汉字到理解题意，再到掌握知识点，他学会了 3 道题，这是他的新开始。

伴随着同学们的掌声，最后一个小老师努什瓦提为大家讲完了一道习题，并抽中一盒小熊饼干。下课后，孩子们蜂拥而至和他一起吃起了饼干。

“老师你看，我的饼干就剩这么一点了。”那是我第一次看到努什瓦提的笑容。

用一点暖汇聚更多暖，用一点光点亮更多光。渐渐地，课堂上发呆、偷偷讲话的学生越来越少，我也尝到了初为人师的甜。

“为了辛苦赚钱的父母，我要考一个好成绩，可老师你能告诉我人为什么要学习吗？”

“外面的世界真的很好吗？”

在走近更多娃娃的过程中，我开始关注到西部学子成长中面临的文化缺失、情感关怀缺失和理想信念缺失的问题。

支教不仅要讲知识，也要讲理想。于是，我们开办了“理想信念大讲堂”，在爱国主义教育和团史团情教育中眺望国之远方，在成长成才教育和励志教育中吟唱青年之诗，用我们的理想唤醒孩子的理想。

王新钰在课余时间备课

东北大学研支团在布尔津开办“理想信念大讲堂”

我们开设了“筑梦学途·知行课堂”培优班，设计问卷调研学生意向，向课任教师拜师学艺，利用晚自习和周末为孩子们补习弱势学科；我重新钻研起了高中数学课本，想用所学为孩子们的大学梦保驾护航；我们发起“疆爱津行·梦想起航”图书捐赠活动，为孩子们搭起宿舍图书角……

2020 年，一场突如其来的新冠病毒感染让千里之外的我成为近 270 名学生的“主播”，我既担忧又紧张。

我对着家中的墙壁反复排练，联系督促不按时交作业的铁流别克和容易睡过头的加尼叶尔克成为我网课时期的一份独特记忆。

复课后，学生错峰上下学、接受体温检查，班级全方位消毒；每一位教师延长了工作时间，付出了更多精力，但看到学生们能安全上课，这一切都是值得的。

这时离别也悄然而至。

“老师，可以发几张大城市的照片给我吗？”

“老师，我其实不太会表达，但我还是想跟您说声谢谢，等下次见到您，我可能就是个刑警了！”

离别是孩子们自发到布尔津县客运站为我送别时渐渐模糊的身影，是签满名字的校服和写得满满当当的信笺，是塞在我背包里的奶疙瘩，更是我悄悄湿了的眼眶……

我没有错过支教的最后一节课、最后一次合影，却错过了和姥姥的最后一次相见。

我曾和她聊起关于人生的话题。

“姥姥，你这辈子有遗憾吗？”我问。

“看着你们都走在正道上，姥姥知足了。”她回答。

人的一生路很长，希望孩子们和我永远走在正道上。

新疆队

东北大学研究生支教团新疆队成立于 2006 年，服务于新疆阿勒泰地区布尔津县。17 年来，先后在多所中小学支教，覆盖学生 5200 余人。截至目前，共有 101 名志愿者服务于布尔津县。

新疆队结合支教地实际需求，在课堂教学之余，积极开展“疆爱津行”“筑梦学途”等爱心助学活动，共向社会募捐图书馆管理设备、多媒体教学设备、图书、衣物、学生学习用品及体育器材等物资，累计折合人民币达 100 余万元。当地为纪念东北大学研究生支教团志愿者所做的贡献，将2014年新建的冲乎尔镇寄宿制中学主楼命名为“知行楼”。

与法相伴，向光而行

第二十四届研究生支教团
许萌哲　云南队

康德说：“世界上只有两样东西能永远让我们心怀敬畏，一是头顶灿烂的星空，二是内心崇高的道德律。”成长的岁月有许多寂静荒芜的夜晚，我愿我举着法治的烛火，哪怕只有一点荧荧光亮，也可以照亮许多孩子前行的道路。

开学第一课，做好选择

来到支教地后，我负责教授中职高三年级的“道德与法治”课程。开学第

许萌哲在支教地开展宪法宣传日活动

一课，给学生们讲些什么呢？我思虑许久，选择和孩子们分享“电车难题”这一经典案例。“电车难题”是一著名的哲学命题，其内容大致是：一个疯子把五个无辜的人绑在电车轨道上。一辆失控的电车朝他们驶来，并且片刻后就要碾轧到他们。幸运的是，你可以拉一个拉杆，让电车开到另一条轨道上。然而问题在于，那个疯子在另一个电车轨道上也绑了一个人。

拉动拉杆还是不拉？这是一个问题。是牺牲少数人保全多数人的生命，还是不作为让火车直接驶过？学生在课堂上分成两个阵营吵得不可开交。“如果你是决定他人命运的人，你会怎样做？”“如果你是独自躺在铁轨上的人，你希望发生什么？”“从法律的角度看，拉与不拉有什么不一样的后果？”在这些问题的引导下，学生的思考也愈加深入，思考角度也丰富起来。“老师，这太难抉择了。”学生认识到“电车难题”带给我们的不仅是关于伦理选择的哲学思考，还有保护生命权独立的法治思考，指引我们在是与非、德与法、法与理的边界探寻正义的精神，搭建法律的正义，思辨生命的哲学。

法安天下，德润人心。法律与道德都是调整社会关系的规范，二者相辅相成，互为补充。生活中也不乏各式各样的选择题，思辨性是一种可贵的思维品质。从这一命题导入课程，我希望学生们总是能够在喧嚣中静下心去思考，在道德和法律的指引下做出最理想的人生价值选择。

守护人生，走进宪法

在全县高三学子的成人礼上，有宪法宣誓的环节。学子们手持宪法，高举右拳，向祖国与未来，许下神圣的青春誓言："我宣誓忠于中华人民共和国宪法，维护宪法权威，履行法定职责，忠于祖国、忠于人民……"

1982 年，《中华人民共和国宪法》颁布。时至今日，《宪法》已历经五次修订，每一次修订，都是人民和国家意志的最新体现。在宪法宣传周里，我为学生介绍宪法的相关知识，通过法律知识竞赛的方式鼓励学生记忆知识点，引导他们树立法治观念，树立正确的世界观、荣辱观。我还带着孩子们观看《宪法一生》微电影，在课堂上设立情景小剧场，同学们从出生、上学、工作到结婚生子，演绎一个公民的宪法一生。课后，学生和我说："以前觉得宪法很高深，遥不可及，现在发觉宪法离我们并不遥远，在人生的每一个重要时刻，宪法都默默地保护和陪伴我们，守护着每一个公民的一生。"

普法知识讲座现场

“东北西南”在昌宁——联合西南大学共同开展法律知识讲座

维护权益，拥抱明天

随着国家大力发展职业教育，培养技能型人才，职业教育在社会生产生活和经济社会中发挥了越来越重要的作用。2023 年上半年，我们和西南大学研支团一起举办了一场劳动法普法讲座。我们将劳动合同、试用期、工时制度、工资、社会保险和福利、劳动争议等与同学们切身利益相关的条例进行深入说明和分析，结合相应案例带领同学们走进劳动法，帮助同学们树立法律意识，正确清晰地认识劳动关系，明确劳动关系中各方的权利和义务，我们深知劳动者的合法权益需要劳动者、用人单位和政府多方努力，但我们希望每一位同学都做一名守法、知法、懂法和用法的劳动者，都能在《中华人民共和国劳动法》的保护下，在自己的岗位上发光发热，为社会创造自己的价值。

我们还在校园、社区开展了系列普法讲座，走进民法典、学习未成年人保护法、预防犯罪、了解公民的权利义务、依法治国基本方略等。“在法律框架下的自由里，过好每一个今天，拥抱光明的明天。”是我们对孩子们的最深切的期望。

以法律知识为媒介，我和学生们结下了深厚的缘分。我们一起聊法律电影、聊罗翔老师的名言警句，聊生活中的法律细节。

“老师，以后我有法律问题可不可以咨询你？”这是我教了一学期“道德与法治”课程后被学生问到最多的问题。

“只要你们有需要，老师随时都在。”

我们一同与法相伴，也向光而行。

愿远方有回响，声声皆动听。

云南队

东北大学研究生支教团云南队成立于 2014 年，服务于云南省保山市昌宁县。9 年来，云南队在教书育人、脱贫攻坚、乡村振兴方面取得了可喜的成绩。截至目前，共有 60 名志愿者服务于昌宁县。

在教书育人的同时，云南队开设了“互联网安全教育”网络课堂，帮助百余名学生摆脱“游戏化”“娱乐化”电脑使用习惯。志愿者结合当地实际开展了极具特色的“互联网惠农”公益项目，给当地老百姓培训互联网使用方法，建立互联网农产品销售平台，帮助当地老百姓卖核桃、茶叶等农产品，开辟了一条由“输血式扶贫”到“造血式扶贫”新道路。

在『童伴之家』陪伴成长

第二十二届研究生支教团
陈平 四川队

五彩斑斓的墙上，孩子们用简笔画勾勒出草地与太阳。

知行图书角里，一本本图书被稚嫩的小手翻开又合上。

希望在这里熠熠发光，梦想在这里扬帆起航。

而多年后，当我在东大的夜色中徘徊的时候，我总会回想起四川三台玉皇村那几十平方米的“童伴之家”。那间遥远的小房子，却承载了我对支教无限的向往。

2016 年，在持续开展留守儿童关爱工作 10 年之际，共青团四川省委联合四川省民政厅、中国扶贫基金会等单位在全国率先启动了“童伴计划”项目，致力于呵护乡村留守儿童健康成长。2020 年，我们在三台县建平镇玉皇村参与建设了一间“童伴之家”。故事由此拉开序幕。

梦想启航，陪伴成长

初到“童伴之家”，它还很简朴，光洁的墙壁像一张刚刚展开的白纸，等着我们写下动人的故事。我们先是化身设计师，将活动教室分为 13 块区域，并根据区域位置和空间大小设计了详细的装修方案。随后摇身一变成为装修工人，采购各种材料，依照设计方案对活动教室的墙面、展示栏等处进行装修，尽管一上午忙活下来，每个人的身上都变得脏兮兮的，但看到改造过后的活动教室焕然一新，大家脸上都露出了喜悦的笑容。玉皇村里，一间温馨又带有童趣的小屋正静静地等待着孩子们的到来。

东北大学研支团与“童伴之家”孩子合影

下午，“童伴之家”迎来了 20 余名可爱的孩子。“哇，这里好漂亮！”孩子们大大的眼睛里满是好奇。我们带领孩子们开展了丰富多彩的兴趣活动，“音乐课堂”上，稚嫩的童声伴随着悠扬的旋律飘扬在屋子里，声声动听；“七彩童画”中，孩子们用画笔勾勒出心中的家园，美好恬静；“动感舞蹈”里，我们和孩子们一同感受街舞的魅力，“你笑起来真好看”的街舞片段成为这次活动里最具动感的剪影。

活动结束后，一个小男孩抱着在活动中赢得的笔记本、铅笔跑过来问我：“老师，这里我可以经常来吗？”“当然啦，这里也是你的家。” 我希望他能一直像这样开心下去。小小的屋子里充满大大的欢喜，陪伴成为“童伴之家”最核心的主题。

书声琅琅，播撒希望

“老师，能不能借给我看一看？”

一次在“童伴之家”的时候，一个孩子指着我手边闲暇时读的一本科普类图书有些不好意思地问我，我爽快地借给了她，看着她开心跑走的背影，我意识到很多像她一样的留守儿童并没有一个能够选择自己喜欢的书阅读的地方。我把这件事讲给队里的小伙伴们听，于是在“童伴之家”建立一个图书角的愿望在我和小伙伴们的心里悄悄生根发芽。

陈平与队友和孩子们一起画画

在三台团县委的统一协调下，我们联合东

陈平与队友陪伴“童伴之家”孩子们整理捐赠图书

北大学秦皇岛分校管理学院党委为建平镇玉皇村“童伴之家”捐建了“知行爱心图书角”。我们一共筹集到了图书 450 余册，书架 4 个，为“童伴之家”注入了新的活力。当留守在家的孩子们一股脑地涌进屋，从书架上找到一本喜欢的书，爱不释手地埋头阅读时，我在心里暗暗地对自己说：“这样做，真值！”

此后，“童伴之家”的活动越来越多。2020 年 12 月 13 日，正值第七个南京大屠杀死难者国家公祭日。我们开展了“勿忘山河血，共树爱国心”教育活动，号召孩子们牢记历史、缅怀先烈，引导孩子们正确树立爱国意识。在“童伴之家”里，不仅有欢声笑语，还有书声琅琅和家国情深，更多的人通过我们的推广了解到这里，了解到这里还有一批盼望着父母归家的留守儿童。在这一过程中，东北大学的老师、同学和各界爱心人士也给予了我们大量帮助，捐赠了许多图书和文具用品。

第二年的夏季，到了分别的季节，我们又集体到“童伴之家”参加了最后一次服务活动，看着孩子们在屋内自由地玩耍，天真无邪的脸上始终洋溢着笑容，我知道：“我真的爱上了这里。”

告别“童伴之家”后，那里的余温，一直在温暖着我。我将过往装进了行囊，却在心中留下了种子。每次听闻有向山区资助的爱心活动，我都会毫不犹豫地尽自己的一份绵薄之力。我也希望能再有一次机会，回到那层峦叠绕的大山，在那间十几平方米的小房子里，还有着我心心挂念的“童伴之家”。

四川队

东北大学研究生支教团四川队成立于 2013 年，服务于四川省绵阳市三台县。10 年来，四川队在三台县芦溪镇高级中学、三台紫河学校、七一小学、广化东尚小学以及潼川二小潜心教书育人，留下了良好的口碑。截至目前，共有 67 名志愿者服务于三台县。

在支教期间，四川队积极筹划“圆梦童心”微心愿、“童心织梦”等品牌活动，开展毛笔字书写、绘画书画、篮球训练营等品牌项目，帮助当地学生学习和传承中华传统文化，促进学生德智体美劳全面发展。

传递光，也成为光

第二十届研究生支教团
梅李阳　江西队

故事的开头总是满怀期待与憧憬，每当想起5年前刚刚踏上支教旅程时懵懂的自己，我的嘴角总会不自觉地浮现出笑容。跨越白山黑水，扎根赣鄱大地，这是我与共青城的独特记忆。

我们刚到共青城时，正值暑假，孩子们还没有开学。在共青城市青少年学生校外活动中心的统一组织下，我们加入了“圆梦蒲公英”计划，配合组织200余名各乡镇留守儿童前往江西省科学技术馆和南昌八一起义纪念馆参观学习。

科技馆里，孩子们欢呼雀跃。

“老师，这个大炮是真的吗？”

“老师老师，你说这个枪能打多远呀？”

“快看，墙上有小人在动！”

“哇，这个机器人会跳舞，好神奇！”

面对新鲜事物，孩子们总有大大的好奇。我耐心地给他们解答着一个个问题，也很快和他们熟络起来。他们总能提出各种各样的新奇想法，能为他们埋下一颗创新的种子让我十分欣喜。

在南昌八一起义纪念馆，我们给孩子们讲述了南昌起义的英勇历史。展厅的墙壁上展示着战斗时的黑白照片和烈士们的英雄事迹。当了解到一位位仁人志士为革命义无反顾地献出生命时，孩子们一改嬉闹，陷入沉寂与思考。也许因为年龄和阅历，他们尚不能完全理解这段波澜壮阔的历史，但是这份略显沉重的思考将会引导和鼓励他们一直走在正确的道路上。

这次研学经历也让我有所启发，立德树人的舞台不应当拘泥于课堂，就像阳光一般，随着太阳东升西落，不会只停留在一处地方。放下书本，多带领孩子们去看看教室之外的世界，耐心呵护、温情引导，让理想信念在孩子们心中悄然开花。

共青城耀邦红军小学学生研学途中

如何更好地向孩子们传递温暖？我和小伙伴们一直在寻找答案，为孩子们购买图书、文具，还是购买衣服、食品？最终我们一致认为要让孩子们自己决定。依托外国语学院学生党总支的平台，我们开展了“大手牵小手　冬日

共青城耀邦红军小学学生研学活动

微心愿”的活动，让孩子们写下心愿卡片，大学生党员们认领并实现，通过这种方式给孩子们传递来自千里之外的温暖。当孩子们知道他们可以许下一个小小的心愿，远方的大哥哥、大姐姐会尽力帮他们实现时，他们小小的眼里都闪耀着激动的光芒。

让我颇感意外的是，一个日常调皮的孩子，在面对可以实现一个心愿的“诱惑”时，却写下了想要一个粉色小熊娃娃的心愿。难道是“隐藏的少女心”？我打趣地问他，他却红着脸地说是给妹妹的。“我妹妹说她同学都有，她一直想要一个，但是爸爸妈妈在外地，奶奶生病了腿脚不好得花钱，我自己攒的钱还差点……”我看着他愣住了，一时间说不出话来，他又紧张地搓搓手，声音放低了一些：“不用太贵的，只要粉色就行……”我坚定地告诉他，你的愿望一定会实现，你是一个很棒的哥哥，看到他脸上的笑容，我却有些心酸。从那以后，我不只关注他们课堂上的表现，也会多和他们聊聊天，关心那些隐匿在孩子背后的烦心事和小忧愁。

后来，我们开始尝试更多课堂之外的活动，以期带给孩子们更加丰富饱满的知识与体验。我们成立兴趣小组，组织孩子们利用课后时间制作机器人；前往耀邦陵园，缅怀先辈，传承爱国主义情怀；播放《那年那兔那些事》动画片，让孩子们了解祖国的发展历程，培养孩子们的远大志向……

每一场活动的背后，都伴随着周密的策划和数天的筹备。虽然很疲惫，但看着孩子们爽朗的笑容，心中却始终充盈着幸福。我来支教是为了给孩子们传递知识的光辉，经历了这么多以后，我也成为一束光，能够给孩子们带来温暖。

从书本中得到知识，在生活中传递温暖。我们的身影终将成为孩子们成长记忆中的一部分，陪伴他们沐浴在阳光中，走在前进的大路上，一路向上向善，一路成长成才。

江西队

东北大学研究生支教团江西队成立于 2015 年，服务于江西省九江市共青城市。8 年来，江西队成员分别奔赴共青城市西湖小学、耀邦红军小学开展支教工作。截至目前，共有 45 名志愿者服务于共青城市。

在支教的同时，江西队深入基层参与当地志愿服务工作，开展“冬日暖阳”微心愿活动，开设“红领巾爱学习”红色宣讲兴趣班课程，充分发挥了青年志愿者的生力军作用，为当地发展贡献了青春力量。

每一朵花，都值得被用心呵护

——讲述我与边疆孩子们的成长故事

第二十四届研究生支教团
王瑞明　新疆队

天蒙蒙亮，黑夜正欲隐去，破晓的晨光慢慢唤醒沉睡的生灵。入眼处，是琼花碎玉，银装素裹。在新疆布尔津清晨的街头上，有这样一群支教人，他们踏着坚定的脚步赶往学校开启陪伴孩子们成长的新一天，他们是东北大学第二十四届研究生支教团成员，大雪的冬日，带给他们的不只有寒冷的温度，还有诗意的浪漫，更有未知的惊喜与挑战。

“支教的意义是什么？为什么要去支教？”总有人这样发问。我也是曾被支教老师教过的学生，这个问题在我心中早已有了明确的答案。我是王瑞明，一个扎根于北疆大地平凡的东北大学支教人。虽然已数不清过了多少春秋，但每每回想起我在小学三年级时遇到的影响了我一生的支教老师，我都不禁感慨：“骞老师,您的学生终于有一天可以像您一样,到祖国最需要的地方施展本领了。”

走入学生心间：播撒希望、陪伴成长

我所服务的布尔津县初级中学，师资力量较为短缺。作为研究生支教团成员，我们始终恪守“哪里有需要，我们在哪里”的服务原则。所以我先后担任了七、八、九三个年级的历史、英语和数学老师，毫不夸张地说，学校 2200 余名学生，我教过的学生有一大半。当我穿梭在教学楼的各个角落，“老王”“王哥”“东北帅老师”，这些学生们在课下为我定制的专属称号总会萦绕耳畔，我也会以哈萨克族特有的打招呼方式和学生们挨个进行互动，这也就造成有时短短的几步路程都要走上好几分钟。当然，我愿称这些为我的“幸

教师节收到学生们精心准备的小惊喜

给留守儿童过生日的现场

福的困扰”。

到学生家中家访

我仍记得刚来学校的时候，就有很多老师和我说：“我们这里的学生调皮好动，所以千万不能对他们太温柔。”先把握住学生的心理特点，调整好学生的学习状态，再有针对性地开展课堂教学，这是我逐渐摸索出来的授课技巧。让学校其他老师意外的是，我的课堂纪律总是出奇的好。因为在我眼里，每个孩子的天性都是善良纯真的，都值得被用心呵护，只要我对他们付以诚心，他们一定会反馈真心，这便是我与孩子们友好相处的秘诀。

每个大课间，“老王”的办公桌总会被学生们从家里带来的奶疙瘩、馓子还有各种糖果堆满，“感动”一词已无法形容我的心情。孩子们会围坐在一起，认真聆听我给他们讲我去过的城市、我的大学校园，还有我在布尔津支教的点点滴滴，他们的眼神中充满期待与渴望，恨不得让我把全部的美好记忆都讲给他们听。还总会有学生抓着我的胳膊，一个劲地问我什么时候也能带他去东北、去外面的大城市走一走、看一看。还有的同学说：“以后我也要上东北大学，去当研支团成员，回来支教。”

学生们真正需要的才是我们应该做好的。之所以会有这种心境变化，还要归功于一次和学生的日常谈心谈话。我在孩子们口中得知，学校有很多学生的家庭环境非常复杂，很多时候甚至家中只有自己一个人。为此，我和学校老师们一起踏上了针对“特殊学生”家访的道路，切实担负起“学生心灵引路人”职责，看到、听到、深入了解到孩子们的成长环境让我触目惊心，甚至不由得感慨：“学生还能坐在课堂里正常上课，他们就已经是最棒的了。”

为此，我和班主任们沟通，确定了一份“爱心帮扶名单”，通过发动身边的爱心人士，尽我所能为他们定期提供物质关怀和精神指引，还会利用周末时间和他们一起春游、过生日、打篮球、参加志愿服务活动等。渐渐地我发现，这些孩子对我无话不说，也能像身边的同学们一样尽情释放他们这个年纪本该有的青春和活力。我想，我们尽可能多地帮助一个孩子，我们的存在就是有价值的。

引领学生成才：启智润心、志智双扶

2022 年 9 月，我有幸担任布尔津初级中学“开学第一课”的主讲人，在课堂上和全校同学探讨交流“我们为什么要心怀梦想”“我们的梦想又是什么”等话题，并为同学们讲述了可可托海、港珠澳大桥中的东大人的故事，以东大人榜样力量凝聚起学生发展正能量，将“自强不息、知行合一”的校训精神和“实干、报国、创新、卓越”的文化内核根植祖国边陲。课后，同学们追问我：“可可托海真的有海吗？”“东北大学的老师们都这么厉害吗？”他们还依次向我分享了心中的小小愿望。那一刻，我见识到了孩子们对外面广阔天地的好奇心和探索欲，如果可以，真的想带他们出去看看。为此，我们开展云端对话、云端参观等活动，带学生们一起参观东大校园、观摩红色教育基地，让他们在学思践悟中丰富阅历、增长知识。

“云端对话”活动的现场，东北大学“学习报国青年宣讲团”为学生们讲述一二·九运动相关史实

我始终难以忘记在“开学第一课”上孩子

带学生到可可托海开展研学活动

们一双双期待与敬畏的眼睛。时间过得越快，想做的事也越多。得益于布尔津县初级中学的支持，我有机会和同学们一起登上撑起民族脊梁、贡献共和国“两弹一星”的“功勋矿山”，一同触摸可可托海精神中的东大缘、东大魂，感受“可可托海的东大人”为国分忧、爱国兴邦的精神风骨。

好奇是梦想的起点，知行课堂为学生们打开一扇梦想之窗。我逐渐发现，学生对理论知识的接受能力有限，照本宣科的讲解对学生成长的实际帮助意义不大。为此，我们探索“知行课堂　共话成长”特色宣讲和实践育人结合的培养体系，内容涵盖红色教育、生涯教育、心理教育、生活技能、经济社会、文艺体育等类别，不单纯地进行照本宣科的讲解，而是通过开展特色活动走进同学们内心世界，以这种润物细无声的方式，更好地把希望的种子播撒在学生心间。

迄今为止，我们已开办“知行课堂”宣讲项目 9 场次，累计参与学生突破 13000 人次，为越来越多学子的成长成才提供有力保障，为他们的未来发展保驾护航。

十七载春华秋实，一批又一批东大有志青年深情地、热烈地、无悔地将青春芳华在西部广袤大地深情绽放。他们追求理想、无私奉献、历练成长，坚持“用

#学生赠予的条幅#

（东北大学第二十四届研支团·王瑞明投稿
服务于新疆阿勒泰地区布尔津县初级中学）

“‘老王，你陪我们一程
我们念你一生’
‘王老师一定不要忘了我们’
‘我们会想你的’
……
条幅上写满了96位学生的姓名
和他们想对我说的心里话
每一个字眼都生动地诉说着
我和孩子们跨越四千公里
双向奔赴的美好故事
如果有人问我：
‘支教好不好？’
我始终都会坚定且骄傲地说：
‘支教很好，希望你们都能来！’”

学生赠予的“毕业”条幅

一年不长的时间，做一件终生难忘的事情”，在支教扶贫、协力振兴，实践育人、引领风尚等方面，发挥了积极作用，助力服务地教育质量和办学水平不断提高，推动教育公共服务和教育资源均等化发展，引导孩子们开阔视野、了解世界，帮助他们点燃梦想和希望，树立起不懈奋斗远大志向。

阳光温暖，薪火相传

第二十四届研究生支教团
马玥璠　江西队

“谢谢老师，我好喜欢这个书包。”“老师，我一定会好好学习，不辜负东北大学的哥哥姐姐们对我的关心。”“哇，老师我真的收到了这套书，原来我们写在心愿卡的愿望真的会实现！”沐浴在冬日的暖阳里，我听着孩子们的童言稚语，多日疲劳一扫而空。我却依稀记得许多天前，他们手握画笔时那渴望的眼神。

那天的下课铃刚刚响起，三年级的晨晨就举着画兴冲冲地跑上讲台，眨着眼问道：“老师，你看我画得漂亮吗？”

学生收到“冬日暖阳”募捐礼物

“冬日暖阳”受赠学生合影

这一举动仿佛在平静的水面投入一颗石子，其他同学也纷纷围在周围扮起了涟漪：

“老师老师，晨晨特别会画画，她画得好好看。”

“老师老师，晨晨的画笔好难用，涂的颜色好丑，不然她的画更漂亮。”

晨晨听闻讪讪一笑，眼光似乎有些黯淡。看着那朵颜色复杂的向日葵，我放缓了语调对晨晨说：“哇！晨晨画得确实超级好看呢，期待宝贝画出更漂亮的画喔。”而我也在本子上暗暗记下：晨晨的“微心愿”是一套颜色丰富的画笔，让她的向日葵“五彩缤纷”。

很快，“微心愿”来到了兑现的季节。2022 年的初冬，“冬日暖阳”圆梦微心愿计划再次起航。活动前期，我们对部分经济困难学生进行家庭走访，当问及孩子们的愿望，他们总是给出很朴素的答案：一册故事书、一个篮球、一副羽毛球拍……一张张心愿卡片上稚嫩的字迹，勾画出的是简单朴实的“小确幸”，是渴求知识的心声，更是孩子们热爱生活、追求梦想的模样。

诉求发回学校，得到了全校师生的大力支持，一周之内，80多个孩子的“微心愿”被一一认领，数不清的礼物如一片片晶莹的雪花飘向赣江旁的这个小城市。与它们一同到来的还有自遥远的白山黑水满载而来的爱与祝福。认领仪式上，看到孩子们笑弯的眼、裂开的嘴，我知道，一个个小小梦想得到了雨露的滋养，在孩子们心中破土而出。

晨晨终于拥有了一套颜色很多并且好用的油画棒，她画了各种各样的花：红色的玫瑰，黄色的向日葵，紫色的薰衣草。二年级的小辰收获了一套100色的马克笔，平常爱临摹插画的他高兴坏了，半个学期就画满了一整本老师奖励的大画本；四年级的小乐总是在篮球场上挥汗如雨，还成为校内篮球比赛的小明星“进球王”；六年级的小婉文笔出众，模仿着名家笔触，写出了独有自己特色的奇幻小说，在同学间传阅……透过孩子们努力追梦的身影，我看到了一颗颗冉冉升起的明日之星。礼物里寄托的小小爱心，在孩子们未来的道路上，依旧会将日子照耀得熠熠生辉。

南湖素书凭意寄，鄱滨童梦有爱知。六载“冬日暖阳”，累计惠及500余名学生，送出心愿礼物1000余件，背后是一代代支教团成员为孩子们的梦想保驾护航的身影。越来越多的同学们和我一样，因为“冬日暖阳”了解了支教团，继而成为我们的战友，成为孩子们的“圆梦人”。

未来的日子里，冬日暖阳将继续闪耀，我们也将踔厉奋发，赓续前行，积极发挥桥梁纽带的双向作用，传递爱的“接力棒”，于基层教育一线书写青春答卷。

春风化雨　新闻中的我们

光明 地方 difang.gmw.cn　时政　国际　时评　理论　文化　科技　教育

首页 > 地方频道 > 地方频道 - 辽宁 > 要闻 > 正文

东北大学研支团：五校联动 传递生生不息的红色“火炬”

来源：光明日报客户端　2020-12-07 19:22

12月5日，在四川省三台县七一小学，东北大学第二十二届研究生支教团的老师们与学生们一起进行了一场不同寻常的接力比赛。研支团队员们手持红旗作为作为引领员，与当地的孩子们一同完成400米的接力跑。“一面面小红旗就如同一把把‘火炬’，支教队员与学生们的接力不仅是对革命先烈们的纪念，更是一次红色精神的传递。”东北大学研支团成员叶嘉明说道。

视觉焦点

WIC数字

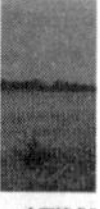

中国技术

为纪念“一二·九”运动八十五周年，东北大学研支团在新疆、云南、四川、江西四个支教地开展了一系列红色主题教育活动。在新疆布尔津县高级中学，当地学生运用线上技术与东北大学“学习报国”青年讲师团的新疆籍在读本科生亚尔麦麦提·玉素普云端连线，与研支团的老师们一起，通过以小故事反映大时代，以小视角折射厚主题，以小行动汇聚正能量，为同学们深度阐述了红色精神的价值内涵。

人民日报　有品质的新闻　打开

一场跨越3000公里的抗美援朝研学课

人民日报客户端辽宁频道　2020-10-26 07:41　浏览量3.8万

人民日报　有品质的新闻　打开

东北大学研支团：为边疆学子开设“梦想课堂”

人民日报客户端辽宁频道　刘佳华 李青竣　2020-12-10 14:24　浏览量1.9万

无人机、机器人、机甲大战……以往只在游戏中的画面突然出现在课堂上，原本寂静的教师内沸腾起来，又一堂“梦想课堂”开讲了。“没想到这么有趣！我也想设计一个这样的机器人。”在场学生兴奋地说道。

东北大学研支团姜翔舰指导小朋友们进行“紧急刹车”实验

东北大学研支团云南队在昌宁县职业技术学校举办趣味运动会

第三章

秉烛前行
一身热忱投身服务

2020年，新冠疫情席卷而来，一场关乎人民生命与健康的防疫阻击战打响。面对严峻的疫情防控形势，他们脱下稚嫩，换上行装，义无反顾、全副武装地投入到各支教地的防疫工作中。忙碌的身影在防疫宣传、物资分发等各个岗位无悔奔波，决胜的决心在他们的热血里奔涌流淌。同时，在防洪救灾、直播助农等志愿服务中，也少不了他们的努力。一年志愿者，一生志愿情，他们用实际行动在一次又一次的志愿活动中践行着“团结、友爱、互助、进步”的精神，在广袤的祖国大地上书写新时代的青春答卷。

青春之花在布尔津绽放

第十九届研究生支教团
姚骞 新疆队

新疆布尔津，是一座没有摩天大楼和闪烁霓虹的边陲小城。这里的每一条街都揉进了西域风情，这里的每一座楼都折射着梦幻色彩。行走在布尔津，随处一站便是一幅画，俯仰之间便是一首诗。来过这里的人们都称它“童话边城”。

布尔津，不仅是童话的开始，也是我青春的开端。

2017 年，那是我第一次真切地拥抱你；飞机刚落地乌鲁木齐，我便饱尝了哈密瓜的清凉鲜甜，甚至还发生了一些令人至今难以忘怀的小插曲。抵达布尔津的那一刻，我仿佛进入了一个完全不同的世界：我被周围壮丽的景色所震撼。

抬头望，湛蓝的天空，让人心旷神怡；漫步在布尔津的城区，独特的建筑风格散发着浓厚的文化氛围；沿着额尔齐斯河畔，欣赏传统的手工艺品，品尝当地特色美食，与热情友善的居民交流，感受他们亲切而慷慨的待客情谊；最美村庄禾木风景如画，喀纳斯的湖水碧绿清澈，映照着周围的山峦和树木，美得令人窒息。我沉醉于这楼阁巷弄与水光山色的魅力，感受着它带给我内心深处的宁静与平和。

姚骞在上课

布尔津是一片神奇的热土，我们是青春的种子。在这片土地上，有热爱它的人，便有动人的故事。

故事开始于一个个长长的名字，甚至一口气读不下来；一通通电话，再努力也只是听懂零星几字。只有古尔邦节的丰盛快乐是所有人共同心领神会的。每当国歌声响起，所有人驻足抬头，望向头顶的五星红旗，平时再淘气的孩子也都神态庄严，行队礼的手举得高高的。从他们坚定的眼神中，我看到了即将绚丽绽放的青春花蕾。

支教的日子里，我很喜欢和孩子们待在一起：我假装严厉，他们则假装听话；他们给予我一颗童心，我还给他们一颗真心。

支教的每一天，我都在用爱心和奉献去影响他人，在拓宽视野和培养人情味的过程中得到历练，不断深刻思考和领悟，感受着教育的力量，同时也收获着成长的满足。登上开学第一课的讲台，我心中充满了敬畏和兴奋、初为人师的自豪和喜悦。当听写单词的作业本上打满了“×”，贪玩的孩子从窗户扔出书包逃跑，教室里的学生昏昏欲睡，我内心又是别样滋味。

然而有一天，我突然发现，不写作业的孩子在家里却能把房子收拾得干干净净；上课捣乱的姑娘竟是全疆青少年百米赛跑的高水平选手；跟谁都不爱说话的小朋友递来了她最爱的棒棒糖；不听课的孩子在课本上反复描画着“妈妈”。还有放学后给弟弟做饭的小“家长”、清晨悄悄送来早餐的暖心小天使、会煮奶茶、会弹冬不拉的哈萨克族小伙、在舞台上婀娜多姿的维吾尔族姑娘……渐渐地，每个孩子都展现出耀眼的才华。这些感人至深的故事，正是支教经历中最美丽的印记，它们的光芒将永远照亮我心灵的深处，激励着我继续投身和奉献于我的支教旅途。

来到布尔津不仅是一段难忘的旅程，也是一次意义非凡的人生历练。

那段日子里，我时时刻刻心念这群孩子。每天一早，我怀着满心期待早早醒来，渴望能早点进教室；中午吃完饭，心里惦记着返回教室，在黑板前为他们讲解更多题目；不上课的时候，我站在教室后面，不时踮起脚尖注视着孩子们的学习情况；下班后，我立即备课，第一时间为那些热爱数学的学生准备难度较高的压轴题。我对他们倾注了自己全身心的关注和努力。他们的进步和成长，是我最大的动力源泉。

支教的一年，我感受最深的还是“三进两联一交友，民族团结一家亲”。

姚骞和孩子们的合影

在布尔津县初级中学支教的日子里，我深切领悟到了民族团结的重要性。

布尔津是一个多民族聚居的地区，不同民族的教师之间展现出了团结合作、互帮互助的精神，共同营造着和谐的育人环境。学校里不同民族的学生一同学习、一起生活，相互理解、互助友爱。进班级、进宿舍、进食堂，我联系学生、联系家长，与学生交朋友，深入了解他们的成长环境和家庭背景。在广袤的牧场上和质朴的牧民家里，我看到了他们勤劳而朴素的生活，回归自然、追求简单的生活态度令我羡慕不已。

在支教过程中，我结交了许多志同道合的伙伴，我们一起并肩作战，共同克服困难和挑战，他们都成为我人生中宝贵的朋友。这些如亲人一般的存在，让我更加坚定了人与人之间相互支持、建立宝贵友谊的重要性。

我将永远铭记童话边城布尔津，那是我青春之花绽放的地方。我将永远珍视这段难忘的支教经历，那是我人生旅途中最宝贵的财富，激励着我为追求美好未来而不懈向前。

新疆队

——“疆爱津行”项目

“疆爱津行”项目，由东北大学第九届研究生支教团成员在布尔津发起。16 年来，该项目通过网络平台联系爱心人士，募集爱心物资的活动在支教团中传承延续，并不断发扬光大。时至今日，“疆爱津行”共从社会募捐图书管理设备、多媒体教学设备、图书、衣物、学生学习用品及体育器材等物资，折合人民币累计达 115 余万元，并通过奖助学金等方式，累计发放爱心善款 10 余万元。

我的东大志愿情

第二十届研究生支教团
及文鹤 云南队

时至今日，专注于志愿服务的 8 年岁月仍然是我最美好的回忆。

2014 年，是我步入大学的第一年。机缘巧合中，我加入了东北大学大学生志愿者协会，我与志愿服务的故事自此开始。但最让我记忆犹新的仍是 2017 年暑假，我前往云南开展社会实践活动的经历。

我跟随当地扶贫队员下乡开展调研时，在贫困户家中见到一个小姑娘，六七岁的年纪，羞涩地躲在父亲身后打量着我这个外来人。当有队员问她，想不想以后像我一样上大学的时候，我从她清澈的眼睛里看到了她对知识和对世界的渴望和向往。从那时起，我就在心中暗下决心，我想去支教，我想用自己的力量带山区的孩子领略山外面的世界。

大四那年，我加入了东北大学第二十届研究生支教团，前往云南省保山市昌宁县职业技术学校，开始了我的支教生活。

昌宁县群山环绕，很少有外人来“做客”。支教伊始，当地老师都爱拉我这个“北方来的怪人”聊天。可大家把“昌宁普通话”放慢了说上很多遍，我还是听不懂。我一个只会微笑、点头的老师，能融入学校吗？能给孩子们上好课吗？我决定从语言关入手。我总往其他老师家里跑，只听不讲，默默地学。我还参与各类活动，在一次次“陪聊”中，我慢慢掌握了当地方言。终于，我见到老师敢主动打招呼了，和同学们也能愉快地互动了。我开始可以顺利地完成日常教学任务，积极地投身到工作中去。

爱国主题教育、法制教育、党的十九大精神宣讲课堂、职业理想信念教育……我开始得心应手起来；我们的“七彩课堂”项目为学生们打开了一扇看世界的大门，帮助学生们汲取更多课堂外的知识。时至今日，仍然有走出昌宁的学生给我发微信，说：“及老师，谢谢您。在您的教导下，我才决定走出县城。外面的世界真的很不一样。”收到这样的反馈，我顿时觉得一年的支教生活意义

及文鹤在上课

及文鹤在腊邑村完小开展活动

非凡。一年的支教生活，不只是教书，更是育人。

彼时，昌宁县仍处于脱贫攻坚的关键时期。作为支教团的一员，我和我的伙伴们主动加入到“三深入”队伍中，实行日常工作“5+1”制度，每周正常工作后，利用周末时间，深入农户家中，进行精准摸排。

在担任扶贫队员时，我同当地工作人员一道驻村摸排，同农户同吃同劳动。驻村入户是支教一年中最艰难的工作，我没想到，村子之间还有不同的方言。本来以为语言已经过关的我，再次在语言问题上犯了难；此外，为了不影响农户劳作，我们经常在天黑后开始走访，凌晨时分睡觉是家常便饭。方言不会说，就多听多记，利用自己专业所长帮助村委会录入扶贫信息，助力当地村委会顺利完成工作。

回想一年的支教生活，在服务他人的过程中，我的生活充实起来，我的人生也丰富了。作为一名东大学子，在未来的工作和生活中我也将怀揣这一份心情和力量，用行动践行“奉献、友爱、互助、进步”的志愿服务精神，将我的青春挥洒到今后每一段奉献中去。

云南队

——昌宁扶 ZHI 工程“1567”计划

东北大学·昌宁扶 ZHI 工程“1567”计划，是东北大学研究生支教团云南队在昌宁创建的品牌活动。以“一”个扶 ZHI 计划针对小学、初中、高中、职高及社会青年五类层次学生为主要服务对象因材施教。讲授“我的大学梦”“我的大学生活”“我的未来”及“创新思维训练”“科学实验”“文体拓展”6 个宣讲和实践主题，采取“普遍激励，重点培养”的工作方法，分层次开设七彩课堂，对各阶段学生进行激励及教育；邀请东北大学优秀的教师和同学开展系列讲座，助力当地孩子们树立梦想。

县城里的『黄包车』

第二十四届研究生支教团
胡晴 四川队

清晨出发，走出校门，登上一辆“黄包车”，去另一个校区上班，这是我在三台的日常之一。

“黄包车”其实是电动有篷三轮车，我在内蒙古没见过这样的交通工具。仔细想想，我其实只在三台见过这种车，不清楚当地人叫它什么，按照我过往在图书、影视作品中的记忆，它很像黄包车的电动升级版，我就一直叫它“黄包车”。

车子的外形像自行车后面连接了一个黄包车的后座，再加上一个篷子遮阳

上班路上见到的县城风景

避雨。人力车的外观，却有着电动车的内核。我最初来到三台时，看它稍显简陋，还总与汽车共道而行，总觉得不太安全，不敢上车。可在三台待久了，我反而最喜欢这种交通工具。数量多，几乎随处可见，只要有需要，站在路边几分钟，总能等到一辆车；速度快，本地人最熟悉本地的道路情况，加上车身轻便，穿梭在大街小巷，比开车、走路都快很多；驾驶人多为女性，或者年龄稍长的人，热情随和，“黄包车”为他们提供了独属于他们的工作岗位，我每天都能看到“黄包车”在路边慢慢地走，等待着属于他们的生意到来。

疫情暴发得很突然，学校内突然出现学生确诊，接触面太广，短时间很难控制住。街上到处都是讲着电话安排志愿者工作、协调物资的社区工作人员，步履匆匆出门购置生活用品的社区居民，在负责区域来往穿梭、奔走繁忙的志愿者……在那些嘈杂的声音和匆忙的身影中，我仿佛感受到每个人内心的焦躁。

街上偶尔路过零零散散几辆“黄包车”，反而让我的心情慢慢平静下来。透过他们，我仿佛觉得疫情没有造成太大的影响，生活也还是那样的生活。

出现病例的那天是周日，学生没有上课。下午得到通知，周一每班留一名老师值守。第二天凌晨 1 点，学校通知走读学生停课，住校学生正常上课，2 点又通知全校停课。5 点，我被宿舍楼的老师组织走读班学生收拾行李的声音惊起。情况严重，我赶忙叫上其他几位队员出门采购。校门口都是防护周全、严阵以待的家长，超市挤满了人，结账的队伍七拐八拐地排了很远。6 点多回到学校，已经看不到什么人了，我打开手机查看各类消息，打开“小区堡垒”报名成为一名志愿者。

我被安排到社区门口站岗登记。我穿好防护服，将防疫警示带在小区大门绑好。居民为我们送来了一张桌子、几个凳子，还有热水壶和纸杯。第二天开始我们拥有了无限续水的热水壶，一天大概要三四壶水。我理解居民的善意，每天出门前都会检查有没有记得带水杯。“党员志愿者”的红袖标别到袖子上，拿上水杯，一天的生活便正式开始了。

疫情防控期间在小区门上绑好防疫警示带

县里实行全民五天五检，为了减少居民流

动，专门组建了一支核酸检测志愿者队伍，每天早上到各个小区设置临时核酸采样点。天还没亮，小区里的喇叭就响了。

防疫服务期间见到的三台清晨

直观的声音媒介远比手机通知高效得多，社区多、志愿者少，只有大家都及时收到消息，快速下楼排队采样，志愿者才能结束一个小区的工作，赶去另一个采样点。带着红袖标的人往往是将队伍组织完后，在最后排队的，采样的人麻利地将样本收好，我们把桌子、凳子搬到小区门口，引导下楼透风的居民上楼回家；队伍离开，我们拿出早就准备好的喷壶消毒。每天面对一批批陌生的人，没有时间交流，但有着十足的默契。

早上的喧闹过后，是长久的安静。

我们一组共四个人，守着支教学校和学校旁边的两个小区。除我之外，另外三个人都住在小区里。小区里有不少退休教师，老人在楼上闲不住，总是到楼下溜达，拿着大扫把将楼门前清扫干净，在门口不断往返、来回转悠，有时走得久了觉得累了，就会靠近大门一些，和我们聊两句，聊累了，便将手靠在扫把上，目光转向路上三三两两经过的“黄包车”。

一张桌子四条边，四个志愿者刚好一个人占一边，没事的时候聊聊天，执勤的时间过得快了很多。时间久了，好像只是一群人出门遛弯“摆龙门阵”，似乎忘了自己正穿着防护服，守着小区里的那些人，也忘了自己正在经历疫情。四川人很爱“摆龙门阵”，一个座位一杯水，几个人能聊大半天。来四川后，我的心态也转变了不少。四川人好像血脉里就流淌着一股子闲适安然，“小震不用跑，大震跑不掉”。也好，川麻、饮茶不可或缺，生活在四川，节奏会不自觉地慢下来。心烦意乱的时候出去走走，看着街边坐着闲聊的人们，心情就会慢慢安定下来。

今年的 5 月 12 日刚过去不久，那天中午，学校的广播专门播报了汶川地震当年的情况，以及现在的百废俱兴。我所服务的学校曾在当年特大地震中严重损毁，现在的校舍在灾后 1500 多万元的特殊党费援建下才得以重建。学校里不少老师都是地震的亲历者，他们或多或少受到过影响。聊到这里，他们会用他们的视角，平静地为我们讲述着那场灾难，偶尔会停下来回想细节。过后，又开启全新的话题，聊工作、聊生活、聊自己。我隐约感觉，好像是在那场地震之后，人们更加意识到当下的每一天才是重要的。灾难是会过去的，地震也是，疫情也是，就像我每天出门都能看到的“黄包车”一样，生活总是那样的生活，开心快乐过好每一天才是最重要的。

我仍能想起那一辆辆承载着平静生活的“黄包车”。

四川队

——“童心织梦”计划

“童心织梦”计划，是东北大学研究生支教团四川队在三台开展的志愿服务项目，曾获“第二届绵阳市青年志愿服务优秀项目”荣誉称号。项目聚焦留守儿童关心爱护和青少年思想教育，每年在支教学校及社区、乡镇“童伴之家”，开展留守儿童学业生活帮扶、校园足球捐赠、课外图书捐赠、“微心愿”征集实现、暖冬物资募集，以及其他爱国主义教育系列活动，助力孩子们健康成长。

我与共青城的故事

第二十一届研究生支教团
朱文正　江西队

在江西九江共青城支教的一年，如今仍是一段令我难以忘怀的记忆。

八月的南方，阳光照耀，空气中弥漫着水汽。刚下火车，还没出站，我就已是汗流浃背。湿和热，是我对于这座南方小城的第一印象。

共青城，全国唯一一座以共青团命名的城市。共和国成立之初，一批上海共青团的青年志愿者来此垦荒，那时的“共青垦殖场”，一步步发展成了今天的共青城。城市里的每一个人、每一处风景，都在诉说着伟大的故事。能在这样一座拥有这般传奇历史的城市中支教，我踌躇满志、蓄势待发，身上的燥热也化作心底准备大干一场的热情。

我支教的学校叫耀邦红军小学，坐落于共青城的中心，周边几个小区近2000名学生在这里读书。我和伙伴们承担体育、音乐、美术、计算机等课程的教学。

第一节课来得措手不及，上午才踏进校门，下午就要上我的第一节课。我只好模仿着组里资历深的老师，把学生们从教室带到操场，在西南角的柳树下开始整队。“稍息，立正，稍息……”我努力回忆着之前培训的内容，有时忘词、有时结巴，不时擦着额头流下的汗。幸好孩子们很配合，始终用花一样的笑容回应着我。逐渐地，我忘记了压力。面对阳光下的这片“花丛”，我的嘴角也不自觉上扬起来。

支教的生活三点一线，我渐渐掌握了上体育课的诀窍：课前对照教学要求，提前制订好教学计划；课间带着小体委在仓库里翻箱倒柜，推着满满一车的教具，等待学生们的兴高采烈。我是体育老师，更是“孩子王”。虽然喜欢与学生打成一片，但在教学内容上，我一点也不敢马虎。跑步、跳远、足球、篮球……

耀邦红军小学小小足球队合影

我用最通俗易懂的方式讲解每一项运动的规则或技巧，学生们则努力跟我做着动作，每节课下来满头大汗，却也都乐在其中。

体育教学带给我的，除了强健的体魄，还有坚韧不拔的毅力和积极乐观的生活态度。最让我引以为傲的，当数参与了 2019 年共青城市中小学生运动会的训练工作。每天带着学生们早出晚归，个中辛苦自不必说，可也从没想过放弃，只为能让成绩快一秒、再快一秒。终于，学生们没有辜负我们共同的努力，在运动会上取得了令人欣喜的成绩。看着他们一个个上台领奖，我比他们还要自豪。

课间，我坐在操场边的树下发呆，偶有几个学生来和我聊天，聊聊他们生活中的快乐和烦恼，也聊聊我的故事。我讲我和东北大学的故事，有几个孩子还“立誓”要考上东北大学来找我。虽说童言无忌，可孩子们不经意的几句话还是能滑到我的心坎里。我愿为他们守着年少时的梦想，直到梦想开花、结果。太阳落山时，我和伙伴们一起下班，结伴走进街边的小吃店，一碗米粉下肚，胃里满了，心也满了。

耀邦红军小学师生在共青城市中小学生运动会后的合影

在共青城的日子里，我越来越感受到支教生活的意义。那是一种“赠人玫瑰，手有余香”的幸福感，是一种在奉献中充实生命的满足。每个清晨的上班路上，每个夕阳西下的黄昏，看孩子们四散着跑出去又围过来，七嘴八舌地讲着昨天、今天的故事：谁又拿了第一名、谁又闯了祸……混乱中有的孩子拉拉我的手、有的孩子抿嘴笑，那是我无须多言的幸福瞬间。时至今日，我仍不时庆幸自己选择了支教这条鲜花盛开的南下之路。

我和伙伴们说了好多次，想回去看看。想看看曾经奋斗过的学校，想看看曾经教过的孩子们。真希望故地重游时，仍有清风吹柳、须夏夜鸣蝉，孩子们肩并着肩排成一排，再叫我一声“朱老师”。

江西队

——“红领巾宣讲员”兴趣课

“红领巾宣讲员”兴趣课程，是东北大学研究生支教团江西队在共青城市创建的品牌活动。东北大学研究生支教团江西队结合耀邦红军小学的红色爱国主义传统，每年从各班遴选出 30 余名思想先进的少先队员，组建红领巾宣讲团。在课程中，研支团成员通过讲解共青城市垦荒队员们的奋斗历史和走进胡耀邦陵园红色教育基地，让参与其中的少先队员们更为深入地理解和学习红色故事，传承红色革命精神。

你的青春 我的班

第二十一届研究生支教团 新疆队
王宗鉴

2019年9月，我正式成为新疆维吾尔自治区阿勒泰地区布尔津县初级中学的一名英语老师。

从东北到西北，我跨越万里来到祖国的边陲小镇。肩担教育使命，二十几岁的年纪总是有些忐忑。三尺讲台，更需我心存敬畏。我常说："万里换三尺，万里值得，三尺更值得。"

在那里的第一次心动，是进入教室的那一刻。那一步踏进去，我望见了学生明亮而充满期待的眼眸。站上讲台的那一刻，我真切地感受到身上有一种澎

新疆队开展“理想信念大讲堂”系列讲座

湃之气，心中便定了神，恍然明白了这就是此行的意义，这就是我的理想，这就是我想要的青春模样和我被托付的未来。

初为人师，“我要学的”比“要我教的”更多。我开始学会认真，开始担心自己是否足够优秀，能否对得起这肩上的职责。那一张张稚嫩的脸庞，让我迫不及待地想要把一切都教给他们。我终于明白祖国花朵的含义：他们是花朵，是我哪怕只是路过，都想拼命守护的花朵，我希望他们绽放、芬芳。

初为人师的我将全部的精力投入到了教学中。半学期的课程，我的英语课从一周 20 节加到了 30 节，我的办公室就是他们的教室，他们的教室也成了我的办公室。学高方为师，同学们基础不一，一些人在初中之前从未接触过英语，我就从最基础的知识讲起。从认识 26 个英文字母，到可以拼写单词，再到可以流畅地阅读、明白其中的语法知识，达到和其他同学一样的水平。第一次学英语的他们和第一次做老师的我一同领悟到了什么是“功不唐捐”。

半个学期过去了，我见过最多的便是新疆的黎明和暮光，但是我也见到了最美的光亮：我所带的两个班级英语期末成绩在整个年级 15 个班中名列第一。

身为研支团的一员，我们每个人都深切地知道，教育不仅要传授知识，还要承载理想。在当地团县委的配合与支持下，我们面向布尔津县高级中学、初级中学开展了“理想信念大讲堂”系列活动，囊括了“爱国主义教育”“团史团情教育”“成长成才教育”以及“励志教育”四个方面，活动得到了当地师生的热烈反响。那个冬天我们开启了另一个课堂，希望此后的冬季都有暖阳。为了更好地助力学生梦想，我们开展了“疆爱津行·梦想启航”活动，携手“五八公益”捐赠 1000 册图书。我们东大的哥哥姐姐不仅为他们送来了图书，还有特殊的祝福，这份心意邮寄万里，到了他们的手里、心里。

初来乍到，温暖比陌生要多。刚入职不久就赶上了教师节的表彰大会，一位 30 年教龄的老师，被表彰的时候害羞得像个娃娃，胸前的大红花格外醒目，让我心生向往；作为新教师宣誓时，我浑身充满了力量，恍然间亦想来个 30 年轰轰烈烈。当地有一家特别好吃的煎饼店，店里面有一面长长的心愿墙，我在上面看到他们写：“我想考进东北大学，我想考去沈阳。”字迹歪歪扭扭，一直延伸到了我们每个支教成员的心里。

支教一年，离家万里。我未曾出过远门，连大学也是挑着离家里最近的地方念的。初来时，我心里很忐忑，总觉得自己也还是个孩子，不知道如何去当一名老师，更担心就一年的光景，我能做好些什么。但自从遇到了我的学生，我开始学会了珍惜当下，珍惜我们能在一起的每一天，珍惜我所能上的每一节课，珍惜我和他们所见到的每一面。他们给了我太多的感动：他们会大声和别人炫

王宗鉴带领同学们开展爱国主义教育活动

耀我是他们的英语老师；会主动申请将体育课改为英语课；会每天在门口期待我的出现；会在学期总结的收获里写“我的英语变好了”；会在放寒假前特意给我凑满满一袋子的奶疙瘩，让我带给家里人尝尝；会在作业本上画上英语老师专属的小爱心；会围着我像黏皮糖一样赶都赶不走……在我即将离开学校时，孩子们哭着挽留我。他们说我是他们最喜欢的老师，谢谢我曾经来过。

他们让我度过了何其美好的一年！正是这一年，让我此后的人生都显得更有意义。我学会了付出，学会了挂念，学会了人生的意义不仅仅在于让自己变得更好，更在于让他人变得更好。

这一年春华秋实已经走完，支教是一种选择，是一种坚持，从选择来到西部的那一刻，就是我们坚持将千万孩子的理想当作自己责任的开始。学生的目光从迷茫到坚定，我们又何尝不是？

昨日，我们星星点点聚集成光，努力托起一个个孩子的梦想；

今日，孩子们已微笑独立向前，我们便化作满天星光散去；

此前，我们几个人扭扭捏捏像个大孩子；

此刻，我们拥有了心心念念的一座城，一些人；

此后，我们怀念着这一年时光再聊聊你的青春、我的班。

真心不怕水『炼』

——记支教期间抗洪抢险

第二十二届研究生支教团
叶嘉明　四川队

2020 年 8 月 17 日，这是我们来到三台县支教的第 17 天，初到这里的我们，对于这座总下暴雨的小城仍然很陌生。

“涪江水位持续上涨，安全风险在向柳林坝方向扩散，应急服务队人手严重紧张！”

直到看到团县委发布应急服务队紧急增补招募志愿者的消息，我们才意识到，当地的汛期来临，三台周边已经有很多地区遭遇洪涝灾害，情况非常危急。没有时间犹豫，我们当即选择报名加入应急服务队。

洪水来临时河堤被淹没

经过上岗安全培训，我们带上救生衣和救援物资，迅速随应急服务队赶往潼川镇柳林村。

来时路上并没有降雨，但经验丰富的应急队队长凝视着路边不见底的积水，告诉我们，这是风雨来临前的片刻宁静，留给我们的时间将非常宝贵。

藏在山坳里的柳林村，大部分区域在地势低洼处，洪水随时可能漫延到村庄。我们的首要任务是逐户排查，抢在洪水前，将所有涉险村民全部紧急疏散到安全区域，务必确保每户人家不遗漏一人。

疏散工作远没有想象中来得顺利。由于口音差异较大，且部分村民对这次疏散并不知情，我们只能试着用刚学会的一点四川方言引导村民们，让他们意识到这次疏散的重要性，并与村民们一起转移他们珍贵的粮食与财产，努力让每一户村民可能遭受的损失降到最低。队员们的耐心动员取得了成效，有村民自发地加入到我们的动员队伍，疏散效率越来越高，最终当地 650 余名村民成功转移到了安全区域。

河堤漫出的水一点点从远方漫延到脚下。为了防止不知情的村民驱车进入涉险区域，我们捡起地上的树枝，在河堤沿岸道路搭建临时警戒线，并设点驻守，监测河堤水位。

不久，阴云密布，果然下起了暴雨。水面上涨的速度越来越快，进出村子的唯一道路旋即消失在一片水光里。我们被困在了村内，只能与服务队一同安抚着聚集的村民们。我们目睹大家每天劳作与生活的田间地头和房屋瓦舍逐渐被大水覆盖，即便提前转移了人员和财物，心中还是充满了遗憾和忐忑。

“柳林坝堤坝出现几处缺口，河水倒灌至柳林村！”

在应急服务队队长的指挥下，志愿者们迅速出击，冒着雷雨搬来泥土、石块堵住缺口。经过几个小时的努力，险情终于被成功排除。

终于，不再上涨的浑浊水面宣告我们成功完成了本次紧急防汛任务。看着身边同样满身污泥的支教团战友们，我既觉得好笑，也着实感动。这注定是我们在支教服务生活中写下的难忘一笔，也让我们初到服务地便深刻感受到了作为一名研支团志愿

洪水来临前在村子里转移群众

洪水来临前在村子里进行路障设置、粮食收装

防汛工作完成后研支团成员的鞋子

者的责任与价值，帮助我们在一次快速身份转变中完成了淬炼，也更加坚定了我们的服务信念。

无愧志愿初心，不负青春韶华。我深刻感受到我们的确做着一件终生难忘的事。“真心不怕水‘炼’”，这份信念将始终鼓舞着我在未来的支教服务工作中扎根三台，服务三台，用实际行动让青春之花在祖国最需要的地方绽放。

用一年时间做一件终身生忘的事

——东北大学第十七届研究生支教团成员侯朋远的故事

《光明日报》

2015 年这个夏天，对于东北大学资源与土木工程学院学生侯朋远来说，注定值得纪念——7 月底，他和其他 22 位同学将一起奔赴西部支边，他的志愿服务地是云南省保山市昌宁县。

拿到东北大学第十七届研究生支教团志愿者通知单的时候，他既有出征前的忐忑，也有如愿以偿后的喜悦。“世界上只有一条路不能拒绝，那就是通过自己的努力去赢得机会，”侯朋远说，“从去年看到学校招募志愿者通知到今天，我用整整一年的时间，做了一件终生难忘的事。”

04 2015年6月28日 星期日 要闻·综合 光明日报

“感知中国·俄罗斯行”开幕式在圣彼得堡举行

刘奇葆出席并为“中国馆”揭牌

赵一兵被追授“中国农业银行五一劳动奖章”等荣誉称号

“布鞋行长”激发文艺工作者创作灵感

本报记者 唐湘岳 本报通讯员 徐虹雨 李欣

我国自主知识产权抗癌中药注射液在美获准三期临床

第十六届“百花文学奖”颁奖典礼举行

本报编辑饶翔获责任编辑奖

一流专家助力出版“湘军”

本报北京6月27日电（记者吴娜）湖南省重点出版选题座谈会27日召开。中央党史研究室副主任张树军、国家民委原专职委员铁木尔、国家行政学院经济学部主任张占斌、中宣部思想政治工作研究所副所长戴木才、光明日报理论部主任李向军等25位多个领域的一流专家到会，对本次提交论证的112种图书音像选题逐一进行会商。

据湖南省新闻出版广电局副局长尹飞舟介绍，湖南省重点出版选题座谈会自2008年从长沙移师北京，聘请国内一流专家为全省重点选题把脉之后，全省重点选题策划出版工作的科学性、针对……“十三五”重点出版规划的选题，主要包括哲学社会科学、服务国家经济社会发展、文学艺术、文献古籍整理、科技以及青少年读物等六个方面。湖南省新闻出版广电局局长蔡建辉表示，回湘后，全省出版界将认真研究、努力汲取各位专家的意见建议，做好选题调整与完善，打磨出更多“传得开、叫得响、影响深”的优秀作品。

第28届大运会中国体育代表团成立

新媒体一日 6月27日

关键词：低调大学 跨界执导 师兄老爸

西南交大获捐85年前毕业纪念册

《禅意中国》名家书画作品在京展出

毕业季·梦想启航

用一年时间做一件终生难忘的事

——东北大学第十七届研究生支教团成员侯朋远的故事

本报记者 毕玉才 本报通讯员 段亚乘 刘剑

2015年这个夏天，对于东北大学资源与土木工程学院学生侯朋远来说，注定值得纪念——7月底，他和其他22位同学将一起奔赴西部支边，他的志愿服务地是云南省保山市昌宁县。

拿到东北大学第17届研究生支教团志愿者通知单的时候，他既有出征前的忐忑，也有如愿以偿后的喜悦。“世界上只有一条路不能拒绝，那就是通过自己的努力去赢得机会。”侯朋远说，“从去年看到学校招募志愿者通知到今天，我用整整一年的时间，做了一件终生难忘的事。”

2011年9月，初入大学，侯朋远便向党组织递交了入党申请书，种下了他对党的信仰。正是因为这份信仰，他积极投身班级、学院的各项学生工作，为老师分忧，为同学服务。学习之余，他还加入第8批大学生创新创业训练计划，研究地下非煤矿山智能化开拓系统物理仿真平台，目前已经发表1篇核心期刊论文，申请到了3项发明专利和4项实用新型专利。

2013年，侯朋远第一次带队做志愿服务工作，他带领班级同学组成了“梦想合唱团志愿服务团队”，从东北大学出发前往河北昌黎槐冯庄小学进行为期一周的支教活动。初到槐冯庄，周遭贫困的环境让团队里的女孩们开始动摇。“早知道支教这么辛苦，我就不来了。”很多人打起了退堂鼓。“要走你们走，反正我不走！”一直被大家叫作队长的侯朋远终于在讨论去留的问题上和大家“吵”了起来。“那一天，我只是想，既然选择，就应该坚持，做什么都可以，就是不做逃兵。我想正是那一次的坚持，才有后来的故事。”侯朋远说。

侯朋远告诉记者，他参加过校内外短期支教服务30余次。在支教过程中，他最怕遇到的事就是学生辍学。小时候，家里条件不好，家里的亲戚都让孩子长大后下地种田，希望家里多个劳力。但侯朋远的妈妈始终坚持让他读书，不管家里条件怎样艰苦，也提早准备好他的学费。这个故事，每一次到贫困地区支教，侯朋远总会不厌其烦地讲给乡亲们听，希望他们也像自己的妈妈一样支持孩子读书。“在支教服务中，无论遇到什么困难，我都可以凭着乐观的心态和执着的努力‘消化’掉，但唯独看到一些孩子因各种原因辍学时，我就会有一种‘揪心’的痛。我想通过自己的一点努力，让更多的孩子可以和我一样，走进大学的校门。”

大学四年，侯朋远累计参加志愿服务时间达300多个小时。“每个人对价值的理解与衡量可能都不一样，与高薪的工作、安逸的生活相比，支教肯定要艰苦很多，但我更愿意选择内心的充实和精神的满足。”侯朋远在东北大学2015届就业之星颁奖礼上如是说。

未来几天，23名西部志愿服务计划志愿者就要陆续出发了。他们当中，有人放弃保研资格，有人从小就怀揣着教师梦想……

追梦路上，他们都不孤单。

责任编辑：徐畅 联系电话：010-67078862 电子邮箱：gmrbjjsh@gmw.cn 美术编辑：袁昕

2011 年 9 月，初入大学，侯朋远便向党组织递交了入党申请书，种下了他对党的信仰。正是因为这份信仰，他积极投身班级、学院的各项学生工作，为老师分忧，为同学服务。学习之余，他还加入第八批大学生创新创业训练计划，研究地下非煤矿山智能化开拓系统物理仿真平台，目前已经发表 1 篇核心期刊论文，申请到了 3 项发明专利和 4 项实用新型专利。

2013 年，侯朋远第一次带队做志愿服务工作，他带领班级同学组成了“梦想合唱团志愿服务团队”，从东北大学出发前往河北昌黎槐冯庄小学进行为期一周的支教活动。初到槐冯庄，贫困的环境让团队里的女孩们开始动摇。“早知道支教这么辛苦，我就不来了。”很多人打起了退堂鼓。“要走你们走，反正我不走！”一直被大家叫作队长的侯朋远终于在讨论去留的问题上和大家“吵”了起来。“那一天，我只是想，既然选择，就应该坚持，做什么都可以，就是不做逃兵。我想正是那一次的坚持，才有后来的故事。”侯朋远说。

侯朋远告诉记者，他参加过校内外短期支教服务 30 余次。在支教过程中，他最怕遇到的事就是学生辍学。小时候，家里条件不好，家里的亲戚都让孩子长大后下地种田，希望家里多个劳力。但侯朋远的妈妈始终坚持让他读书，不管家里条件怎样艰苦，也提早准备好他的学费。这个故事，每一次到贫困地区支教，侯朋远总会不厌其烦地讲给乡亲们听，希望他们也像自己的妈妈一样支持孩子读书。“在支教服务中，无论遇到什么困难，我都可以凭着乐观的心态和执着的努力‘消化’掉，但唯独看到一些孩子由于各种原因辍学时，我就会有一种揪心的痛。我想通过自己的一点努力，让更多的孩子可以和我一样，走进大学的校门。”

大学四年，侯朋远累计参加志愿服务时间达 300 多个小时。“每个人对价值的理解与衡量可能都不一样，与高薪的工作、安逸的生活相比，支教肯定要艰苦很多，但我更愿意选择内心的充实和精神的满足。”侯朋远在东北大学 2015 届就业之星颁奖礼上如是说。

未来几天，23 名西部志愿服务计划志愿者就要陆续出发了。他们当中，有人放弃保研资格，有人从小就怀揣着教师梦想……

追梦路上，他们都不孤单。

春风化雨　新闻中的我们

东北大学研支团｜原创支教歌曲MV：赴约青春，即刻“出发”

东北大学研支团　云南青年志愿者　2022-04-08 15:31　发表于云南

“我来自他乡，为你插上翅膀，送你去远方。”东北大学研支团怀爱出发，来到云南昌宁，昌职学子怀梦出发，去往广阔天地。我们以出发为荣，因出发而勇，由出发而相聚，为出发而奋斗。这首原创支教歌曲记录了这个关于“出发”的故事。

喜迎党的二十大 奋进新征程｜团县委联合东北大学研究生支教团“放歌颂祖国 礼赞新时代”

青春昌宁　2022-10-14 21:18　发表于云南

东北大学研支团｜青春的底色是什么——东北大学研支团工作纪实

东北大学研支团 云南青年志愿者 2022-05-07 11:27 发表于云南

从东北到西南，我们来赴约！｜我的西部生活

西部志愿汇 2021-09-15 19:24 发表于北京

第四章

星火燎原
脱贫攻坚冲锋在前

扶贫先扶智，扶贫必扶智。多年来，一代又一代西部计划志愿者把青春奉献在那些希望的土地上，曾经的偏远小村通了火车、建起高楼，学生们搬进宽敞明亮的校舍，与城市里的孩子们享受着同样幸福的童年。在为期一年的支教服务中，研支团成员亲身见证了新疆、四川、江西、云南山区的高速发展，共同见证了服务地从贫困到全面小康的巨变。曾经服务过的地方不再需要支教，是他们最大的梦想。西部、山区、贫困……几个荒凉的词汇皆因“支教”这个词的到来而汇向朝阳，熠熠发光。

用我们的青春照亮大山孩子前进的路

第二十四届研究生支教团 云南队
叶体民

澜沧江畔的清风，吹不尽千年的茶香。不觉中我来到千年茶乡、田园城市——昌宁，已近一年了。而这里已然成为我的第二故乡。

本科毕业生座谈会上，冯夏庭校长在得知我即将奔赴昌宁支教时，强调了东北大学和昌宁对口帮扶 10 年来的深厚友谊，又结合他的求学和工作经历叮嘱我，要踏踏实实把事情做好。

2022 年 7 月，怀揣着满心向往，我和队友踏上了西行的路程。飞机、火车，大客车、小客车轮番上阵。从舒适的象牙塔出发，虽然内心早已做好准备，但

东北大学校长冯夏庭前往昌宁看望研支团成员

3800 公里的路程还是让我体验到了祖国的辽阔和时间的漫长。从辽阔的东北平原，到长江两岸的丘陵，再到云贵高原绵延的群山，从滇池边的高楼大厦，到苍山旁的巍巍古城、白雪皑皑的玉龙雪山，再到高黎贡山旁茂密的热带丛林，沿途的风景满足了我对祖国山河的一切幻想。

抵达目的地之前，我就已经交上了朋友。在火车上、出租车上，看到拎着箱子、年纪相仿的年轻人，我喜欢上前攀谈："你也是志愿者？""去哪个县？"与家乡的距离已有近 4000 公里，却遇到从五湖四海赶来的友人，共同奔赴祖国的西部。在这里，我将要度过接下来一年最宝贵、也最值得回忆的时光。

钻过长长的隧道，穿过茂密的丛林，一座漂亮的田园小城闯进了我的眼中。"初极狭，才通人。复行数十步，豁然开朗。土地平旷，屋舍俨然，有良田、美池、桑竹之属。阡陌交通，鸡犬相闻。"一瞬间，《桃花源记》中的名句跃进我的脑海，我仿佛来到了传说中大山深处的桃花源。

我以一名支教老师的身份来到昌宁，到达了我的服务学校——昌宁县职业技术学校。现代化的教学楼、崭新的塑胶操场、流畅的电子黑板……可以说和周围村庄的环境“格格不入”，完全不是我想象中的样子。这里的硬件设备已经得到了很好的保障。

然而，我教的孩子们基础并不是太好。农忙时，有些家长还会打电话给正在上学的孩子，让孩子请假回家掰苞米。孩子们告诉我，他们喜欢上学，因为只有上学的日子，他们才不用五六点就起床干农活，才不会被高原毒辣的太阳晒伤。很多孩子在学期还没结束的时候就已经早早地开始寻找假期工作。

苔花如米小，也学牡丹开。于我们而言，每一位孩子都如苔花一般，渺小，却也蓬勃生长。当看到很多孩子连自己的名字都写不好时，我便用一天的时间，一笔一画地写下了每一个孩子的名字，让孩子们临摹练习。

作为一名支教志愿者，我希望可以凭借自己所学，为学生们多带去哪怕一点点的帮助。在课堂上，我尽全力讲述所教科目内容，在课下，孩子们也乐意与我们一起探讨人生的问题。孩子们对未来的渴望让我意识到，我的课堂不应该仅仅局限在书本知识上，应该在孩子们的成长道路上做出启示。

研究生支教团成员与昌宁县职业技术学校全体学生合影

研支团成员与支教学生合影

崭新的教学楼并不

红色教育活动现场

能从根本上解决教育的落后，人才是一切工作的决定因素。思想上的贫乏是当地孩子走出大山最大的阻碍。群山是空间上的客观屏障，但不能包裹住孩子的志向和梦想。在与学生们相处的日子里，我看到了这些十三四岁的孩子们一颗颗清澈的、温柔的心，更欣喜于这些年轻的孩子们内心深处所蕴含的无穷能量。我们组织开展红色教育活动、文体艺术节、学雷锋等校园文化活动，让中国故事、东大故事走入课堂，将精神之路铺设到孩子们的脚下。我们也充分发挥研支团的桥梁作用，积极联系校内学生组织及校外企业汇集资源，捐赠电视、音响和图书。

东大人的课堂也不应该局限在校园里，更要走进大山，扶信心、扶思想。我们走进田间地头，学习交流周边村寨“昌宁古树红茶”“生态稻田鱼”“非遗制陶”等特色产业发展情况，并配合基层村官助力昌宁乡村振兴。

扶智亦扶志。我们前往田园镇、漭水镇、更戛乡等 8 个乡镇，针对小学、初中、高中、职高及青年五类层次学生为主要服务对象，讲授“我的大学梦”“我的大学生活”“我的未来”三个宣讲主题及“创新思维训练”“科学实验”“文体拓展”三个实践主题，采取“普遍激励，重点培养”的工作方法，开展梦想教育和送教下乡活动。

我们邀请东北大学优秀的教师和同学们常态化开展讲座，帮助孩子们树立梦想；我们开设各类兴趣社团，弘扬传统与特色文化，帮助孩子们开阔视野；来自东北大学数千名志愿者的爱心捐赠，图书、文具等物资跨越了千里抵达昌宁县，实现了孩子们的小小心愿。我们努力将梦想的种子种在孩子心间，为大山的孩子编织“大学梦”、树立“就业观”、铺垫“报国路”。

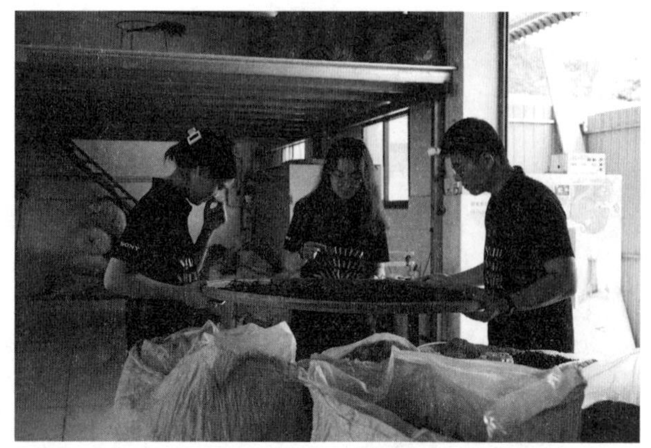

调研古树茶生产车间

来到这里，我才知道原来大山深处还有这样一片别样的“桃花源”，有这样一群山里的孩子们，像我们一样渴望知识，渴望丰富多彩的生活。

下田了解稻田鱼生长情况

时间过得飞快，转眼间来到了 2023 年的 6 月，支教时光仅剩短短的一个月。学生总是问我：“老师，您下学期是不是就要走了，不教我们了？”或是对我频频叮嘱：“回去了也要跟我常联系，不要忘了我的名字呀！”当我意识到，还处在二十几岁的青春岁月里的我，能够用自己的青春，照亮了更多的青春的时候，我无比欣慰。

回首一年来的工作，支教的经历给我留下的，不仅仅是上了多少节课、组织了什么活动、写了多少篇文章、认识了多少人。真正重要的是，我能够像筹备梦想课堂一样，发现平凡生命里的闪光点，用我们的青春照亮大山孩子的前进的路。

一年很短，未来很长，我们和昌宁的故事，才刚刚开始。自 2014 年东北大学首批志愿者来到昌宁，在这场为党育人、为国育才的接力奋斗中，在这场青春担当与千年茶乡的美丽邂逅中，一代代志愿者在教书育人的同时，接续助力巩固拓展脱贫攻坚成果同乡村振兴有效衔接，在西部迅速发展建设的宏伟浪潮中，我们一边见证历史，一边创造历史。

竭尽所能做一名有温度有情怀的支教老师，把青春化为一团炽热的火焰，在支教服务的熔炉中发光、发热，用我们的青春照亮一代又一代大山孩子奋进的路！

东北大学支援昌宁经济建设

从2013年开始，东北大学定点扶贫昌宁县，突出抓好教育、产业、科技帮扶，直接投入扶贫资金1200余万元，培训干部人才近2万人次，销售农产品1300多万元。茶叶、蔬菜、水果等走出大山，优秀教师、大学生带着信息化课堂下沉到乡村小学，茶文化特色旅游规划、百香果种植加工、蜂蜜产业化基地等科技项目蓬勃发展……东北的高校与西南的脱贫县因帮扶结缘，谱写了跨越千山万水的深情厚谊。

一年支教人，一生志愿情

第二十届研究生支教团
蔡鹏 四川队

窗外的栀子花花瓣飘落，我的思绪又飞回到2018年6月，回到我刚到四川的那个夏天。那一年的种种经历，就像发生在昨天一样，而我离开三台，已经好几年了。

在去三台之前，我的内心充满了忐忑：我能不能适应当地的环境？我能不能带好我的学生？万一我把人家班级教成了倒数第一怎么办？孩子们会怎么看待我这个年轻的老师？他们会听我的话吗？临行前的好几个夜晚，我在床上翻来覆去地想这样的问题。

直到真正到三台那天，我才从怀疑的心态中走出来。因为此时此刻，我必须面对眼前的实际问题。

来到学校不久，一个小男孩就引起了我的注意。他的课堂表现十分“突出”：上课的大多数时候他都在左顾右盼、东张西望，剩下的时间则是目光呆滞地望着老师；下课时，班里的同学经常来告他的状，要么把墨水洒别人身上了，要么把人家的衣服踢脏了。其他老师都说，他是这里有名的“弼马温”，建议我不要管他。

但我不想放弃。我的第一次家访，选择了他家。家访中我了解到，这个孩子的父亲在他小时候就生病去世了，在这之后，母亲精神失常，他和母亲一直居住在外婆家里，依靠外婆生活。我觉得，我更不能不管他了。我跟他说，每节语文课后，到办公室来，我给他补习语文。后来我又用各种方法激励他学习。终于，他在课堂走神的时间越来越少，认真的时间越来越多，语文成绩也进步了不少。

上课时我一脸严肃，下课后我则变成孩子们的大哥哥，接受他们“夺命三连问”。有时候，他们会问我一些关于世界的问题：“为什么会有潮涨潮落？”“为什么端午节吃粽子而不是吃包子？”而他们更感兴趣的是蔡老师的个人生活。“蔡老师你有女朋友没有？”“蔡老师你结婚没有？”这时我便会反问他们：“你看我这么年轻，像结婚了吗？”

暑假，我们联合当地公益组织，举办为期一周的留守儿童关爱活动，带孩子们参观博物馆、文化馆等，为他们专门设计增长见识的特色课程。孩子们积极踊跃，而我也乐在其中。

一天，志愿者们正在食堂引导孩子们用餐时，我发现一个 10 岁左右的小姑娘正趴在桌子上，一言不发。我们关切地询问她怎么了，是不是身体不舒服，她也不回答，只是摇头。正当我们不知道该怎么办的时候，一位细心的志愿者发现，孩子右脚穿的凉鞋好像坏了，于是她问道：“姑娘，是不是你的凉鞋坏了？”这一次，孩子不再摇头了，只是沉默。那位志愿者连忙安慰道：“孩子，没事儿，鞋子坏了，我们就去买一双新的。”说完，便拉起孩子，把她背在背上，出门买鞋去了。后来我们才知道，姑娘家里条件差，这双凉鞋已经陪她过了好几个夏天，当这唯一一双凉鞋坏了时，她以为自己再也没有鞋穿了。

有时候我也会问自己：成功真的是唯一定义价值的方式吗？找个体面工作，买车、买房……但教师节那天，当全班同学把讲台围得水泄不通，只是为了把自己准备的鲜花和祝福卡片送给我时；当得知我的嗓子不好，几乎不能说话，好几个同学第二天从家里拿来了专门治嗓子的药时；当孩子下课悄悄把自己喜欢的零食塞到我手里时；当我看到孩子们脸上露出的微笑时，我觉得在这里“吃粉笔灰”是更有价值的事情。

我觉得，支教是一件双向的事情。我们参与到孩子们的日常生活中，同时也完成了自己的事业。如果你问我，这一年最大的收获是什么，我会说，是平凡的幸福。最大的遗憾，是一年时间太短。回首来时路，没有宏大叙事，没有波澜壮阔，只有一个普通的青年，在西部热土上用行动散发着自己的光和热。

东北大学志愿三台教育建设

“知行”图书角，源于东北大学研究生支教团四川队在绵阳三台的图书捐赠计划。团队每年 4 月开展图书募捐活动，于“世界读书日”当天将募集的图书捐赠给支教学校及社区、乡镇“童伴之家”建立图书角，并另外赠予受赠方特殊关爱青少年每人一本，共同助力建设书香三台。现已在三台县七一小学校、广化东尚小学，以及建平镇玉皇村“童伴之家”设立图书角，捐赠图书 1000 余本。

在脱贫攻坚中绘就无悔青春

第二十一届研究生支教团
熊芳苑　云南队

“老师，你们也在啊。”

扶贫电商仓库里，正在熟练打包的我耳边响起熟悉的声音，我转头看去，原来是我在职校的学生恰巧也到这里开展实训活动，我们相视一笑，然后一起忙碌起来。这是我来到昌宁的第四个月，也是我参与“东大昌宁精准扶贫助农平台”项目的第四个月。

在刚刚踏上昌宁这片土地时，东大到昌宁挂职扶贫的老师便向我们介绍了“东大昌宁精准扶贫助农平台”项目。项目依托学校信息技术优势，采用“互

研支团参与东大昌宁精准扶贫助农平台物流发货时的合影

熊芳苑为学生开展交通安全教育讲座

联网＋农业＋扶贫”模式，开发农特产品采购平台，以电商平台为载体，开展可持续的消费扶贫活动。

而我们来到这里的时候，平台刚好完成搭建。一听到我们能够参与到平台的前期测试运行与后期物流发货的工作中来，我们兴奋不已，也暗下决心一定要以最饱满的热情把这件有意义的事情做好。

分拣、装箱、核对、封箱、贴条……为了提高工作效率，我们设计了最优的流水线，准备工作是劳累的，但收获的时候也是喜悦的，一包包昌宁特有的农产品在几分钟之内完成打包发往全国各地，农民们脸上也都有了笑容。

有了学生们的加入，我们有了更新的体会和更大的动力。“老师，这个茶叶是我们村产的。”“老师，我妈妈就在这个工厂上班。”学生们指着扶贫产品的包装，兴高采烈地向我们介绍着。而我们也在此起彼伏的话语中真切地感受着这一条由“输血式扶贫”到“造血式扶贫”的新道路，深深地体悟到何为“真脱贫”“脱真贫”。

相较于消费扶贫，教育扶贫更是我们的主阵地。一年间，我们发挥专业特长，承担了电子商务法律基础知识、电工技术基础与技能、建筑工程测量、成本核算、动物防疫与检疫技术、演讲与口才等课程的教学，为学生的成长成才保驾护航。在此基础之上，我们延续了云南队的“七彩课堂”品牌活动，开展以知识讲座为主、其他形式为辅，向学子传播知识的课堂，就理想信念宣讲、职业生涯教育等主题进行讲授，“智”“志”双扶拓宽学生视野。从暑期支教到“童心陪伴”周末课堂，从流动科技馆志愿讲解到云上微思政第二课堂，我们在一次次活动中贴近学生心灵，探索针对性、持续性帮扶举措，与孩子们共话成长。

如今，昌宁县已经实现脱贫摘帽，全面消除绝对贫困，脱贫人口持续稳定增收，乡村振兴开启了新篇章，我们有幸参与其中并为之拼搏奋斗。用一年不长的时间，做一件终生难忘的事，这是我们扎根西部、奉献基层永远不变的初心。在未来的日子里，我们也将坚持“与祖国同行，为人民奉献”，怀抱满腔的光和热投身到社会主义现代化强国建设的新征程之中，绘就奋斗无悔的璀璨青春。

东北大学支持昌宁教育建设

“七彩云南·梦想课堂”公益活动是云南队结合学生们的兴趣爱好、所需技能以及自身特长，通过讲座、演讲、表演、辩论、情景剧和读书周等形式对孩子们进行科普知识宣传和综合能力训练的支教品牌项目。自第十六届研究生支教团成员在云南昌宁县支教的第一年起，累计开展“洪灾、震灾安全知识讲座”、普通话培训班、普法教育大讲堂、励志课堂教育、无领导小组讨论、高考励志教育百余场。

做孩子们成长道路上的引路人

第二十二届研究生支教团
郭光庆 江西队

我离开共青城已经两年了。回想起那里的生活，一切场景仍然历历在目，不但有学校里的书声琅琅，还有下班之后的柴米油盐。我最想念的是可爱的学生们，最怀念的是一年里丰富多彩的生活。

2020 年 8 月，我踏上了共青城的土地，投身于学校的开学筹备与疫情防控工作。按照当时的疫情防控要求，学校提前进行了秋季开学演练。在这场演练中，我们 5 位志愿者分别承担了学校的大门守卫、入校秩序维护、晨午检应急处置等多个岗位的工作。我们的目标不仅仅是确保学生能够安全、有序、放心地回

郭光庆进行红色文化课教学

到校园上课，更是为了让每一位学生的笑容和活力得到守护，让他们在这个新的学期里能够安心地追求知识，快乐成长。

开学以后，我得知自己被分配到音体美教学组，负责四五年级的体育教学后，有些茫然无措：一方面，我觉得任课工作与自己的预期存在偏差，不知道如何适应体育老师的教学工作，如何转变自己的身份；另一方面，我为自己无法担任到文化课教学而感到惋惜，颇有几分怀才不遇的感觉。但很快我便意识到。未知的挑战更值得我去探索和尝试，不一样的角色给予了我更多学习的机会和发展的空间。

后来，我还担任了课后服务的教师：第一学期负责一年级四个班级，第二学期负责二年级三个班级。辅导功课、检查作业对我来说完全不成问题，如何建立自己的威信、维持整齐的课堂秩序反而成了最大的考验。尤其是刚开始给一年级做课后服务时，一整节课的时间都在维持课堂秩序，课堂内容很难得到有效的推进。我向有经验的老教师请教，制定了符合低年级学生习惯的教学进度安排。

考虑到低年级学生很难长时间保持注意力，于是我用课堂故事与“大红花”作为对表现好的同学的激励手段，这个方法确实有一定的效果。我也不能过于严肃，这样会跟学生产生疏远感。后来，我在校园里见到一年级小朋友时，总会听到亲切的“郭老师”，心里满是欣慰与自豪。如何把握严肃活泼的尺度和恰到好处地采取激励方法，是我在进行课后服务过程中收获的最大心得。

知者行之始，行者知之成。在大二的时候，我参加了“井冈情·中国梦”暑期社会实践。那是我第一次登上井冈山。2020 年 9 月，我再一次来到井冈山，只不过这一次，我的身份发生了转变：我不再是参加社会实践的大学生，而是

郭光庆为学生讲述党史百年历程

作为共青城市耀邦红军小学五年级学生红色研学的带队老师。在井冈山的三天的时间相当充实，我与同学们一起学习革命故事，缅怀革命先烈，将自己的感受与想法讲给学生，我也是受益匪浅。

2021 年 6 月，我又参加了学校五年级“追寻红色足迹·弘扬井冈山精神”研学，第三次来到井冈山。在这次研学途中，我将研学旅行与学习党史进行结合，与学生们一起重穿红军服，重走红军路，感悟革命前辈的艰苦历程。在井冈山革命博物馆里，我带领学生开展党史故事宣讲，在革命旧址开展实景教学，在实践中学习百年党史，争做时代新人。

一年的生活不长不短，却已经在我的人生中留下来一段无比深刻的印记。我希望通过潜移默化的课堂引导、默默无闻的言传身教，成为孩子们成长道路上的引路人，为他们的美好未来播撒希望与梦想的种子。

东北大学支持共青城教育建设

“冬日暖阳”圆梦微心愿活动是东北大学研究生支教团江西队开展的爱心帮扶类品牌项目。江西队将基础教育和“扶智”“扶志”“扶贫”的宗旨深度结合，扎实开展教育扶贫，打造特色品牌，搭建筑梦平台，深受当地师生、家长的一致好评。2023 年 3 月 1 日，东北大学外国语学院学生党总支联合江西队，在江西省共青城市耀邦红军小学举办了“冬日暖阳”圆梦计划心意认领仪式，在该次微心愿活动中捐赠物资包括课外书、马克笔、书包等学习用品及书包、围巾等生活用品，单次活动金额超过 5000 元。

长风

第二十四届研究生支教团
王嘉阅　新疆队

广袤原野上，上千台风力发电机擎天而立，迎风转动，在蓝天、白云、雪山的映衬下蔚为壮观。回想一年前，我第一次来到新疆布尔津的场景，如今还历历在目。

伴着凉爽的秋风，第一学期开始了。作为一名高二年级的思政老师，我在第一节课向学生们提出了柏拉图的“哲学三问”：我是谁？我从哪里来？我要到哪里去？

学生们你看看我，我看看你，仿佛有些为难。有的学生说，我就是我呀！

研支团组织的首届校园提案大赛活动圆满举行

还有少数民族学生操着不太熟练的普通话问："老师，这些问题是什么意思呀？"一张张懵懂的脸上写满了疑惑，一如我学生时代那样迷茫。"你们想成为什么样的人？想怎样度过一生？简单点来说，你们的梦想是什么呢？"在这些问题下，学生们打开了话匣子，争先恐后地说道："我想考个好大学！""我想到内地读书！"然而，如果再问问他们想学什么专业，将来想从事什么职业，他们却纷纷沉默了下来。或许，在这个升学率并不算很高的县城高中，学生们对自己未来的人生很是迷茫，于是我将这个问题当作课后作业留给了他们继续思考。

在之后的每节政治课，我都试着用更多方式创新、丰富课堂。引领学生们在模拟法庭中体会法治的力量，在辩论赛中体会民主的意义，在模拟中感受权利与义务，以新颖的宣讲载体、丰富的理论内容和语言感染力把理论讲准、讲实、讲活，提升学生学习热情和参与感……一个学期过去，当我再一次提起那次"课

研支团带领学生参加布尔津县青少年模拟法庭展演活动

研支团带领学生参加布尔津县青少年模拟法庭展演活动

后作业”时，他们回答：“我想当一名法官，主持公平正义。”“我想当一名保家卫国的军人。”“我也想像您一样，做一名光荣的人民教师！”时代各有不同，青春一脉相承。

干净整洁的课桌板凳、先进的智慧白板，进入教室的第一印象，其实打破了我对“支教”的想象。我不禁开始思索——除了学习环境和师资力量之外，这些学生们到底需要什么呢？我想，要亲自了解、倾听学生的声音，才能得到最真实的答案。

在得到学校支持后，我在全校班级代表大会上征求学生对学校和自身发展的建议。一开始，大家都有些不敢发言，从来都是听老师训话的他们不知道该如何表达自己的诉求。在我的鼓励下，一个又一个同学举起手：“我认为开展心理讲座很有必要！”“我们想要更多的体育艺术活动！”“下午的自习课时长太短！”慢慢地，越来越多的同学争先恐后地说出自己的想法，直到铃声响起，还有高三的同学围在我的身边叽叽喳喳说着自己对职业生涯规划的渴求。在这个契机下，“‘提’你所想，献策布高”

首届校园提案大赛在精心准备下应运而生。一个月的时间，53 份有效提案新鲜出炉。“健全家校协同育人体系”“完善心理健康教育课程”“改善学校体育资源匮乏问题”……其中 10 位优秀代表站上舞台向全校师生展示所思所想，获得了一致好评，此次活动也受到布尔津县域各大媒体报道宣传。

这块土地或许缺资源、缺人才，但是不该缺少独立思考的能力和向光而行的勇气，那是除了知识，我们能给予学生成长路上最大的礼物。

来到布尔津县高级中学任教后，我发现少数民族的学生对各类体育运动格外热爱，“提案大赛”中也收到许多关于完善学校体育设施和增加体育活动的提案。校内体育设施十分有限，“瘸腿”的乒乓球台、黄沙遍地的球场，我深切感受到学生们对改善的校园文体环境的企盼。我多次联系社会爱心人士，替孩子们从边疆发出渴望的“呐喊”。最终，我用筹得的善款和自己的支教补贴，开展了首届“东大疆行杯”校园足球联赛，并添置了一批学生们真正需要的体

布尔津县高级中学“东大疆行杯”校园足球联赛闭幕式
暨东北大学研究生支教团“疆爱津行”项目颁奖仪式

育器材。当崭新的乒乓球台和足球投入使用，当奖杯被高高举起，我看到了孩子们眼中最纯粹的喜悦。

我们邀请东大足球队的优秀新疆队员给学生们做线上的技术指导，搭起学校与支教地资源的互通桥梁。一隅之力或许难以改变县域内的教育全貌，但我相信，孩子们的体育梦想会像一颗颗蒲公英的种子，在西北的草原和高山上随风飞翔。

一年时光转瞬即逝，我收获了孩子们最亲切的问候和最真挚的想念。相信一草一木都记得，我们也曾把青春融入祖国波澜壮阔的山河，坚定地、热烈地、无悔地将芳华绽放在这里。

愿我如长风，渡君行万里。

东北大学支持布尔津人才建设

新疆队聚焦县域青年人才培养，结合县域内青年干部发展需求，促成了东北大学与布尔津县的青年干部培养的常项合作机制。该机制围绕县域经济社会高质量发展需要和产业发展需求，以月份为周期，定期邀请东北大学知名专家教授等，精心设计课程、科学安排实践活动，切实做到既有理论熏陶，也有现场教学，还有交流研讨，为少数民族地区送去了优质的干部教育资源。

乘着歌声的翅膀，去向远方

第二十四届研究生支教团
沙子钰　云南队

“乘着这歌声的翅膀，亲爱的请随我前往。去到恒河的河畔，这最美丽的地方……”

当时明月在，曾照彩云归，初到昌宁，在惊叹于景色美好的同时，我的第一感受就是不适应。不只是跨越祖国东北与西南3800多公里地域差别带来的不适应，还有学生和教师身份对调带来的不适应。但恰恰是这种带着一些疑惑、慌张的情感，给我的支教生活带来了以往从未有过的独特乐趣。在这里，我完成了从一名学生到音乐老师的转变，也见证了我和那些孩子们的共同成长。

带领偏远山区少数民族儿童学唱励志儿歌

云南是一片民族聚集、人民能歌善舞的土地，来到昌宁，给从小就浸润在山歌里的孩子们教授音乐，我也是有一点心里打鼓。第一个横在我和学生之间的问题就是“语言关”。都说语言是沟通的桥梁，但我们之间的这条小桥可以说是摇摇欲坠。作为一个地道的东北人，对南方方言的接触仅限于大学室友和家里人打电话，对于昌宁方言更是闻所未闻。所以在学期初，课堂上经常会出现沙老师紧皱的眉头和困惑的表情配上：“啊？你刚才说的是啥？你慢一点再讲一遍。”因为听不懂方言而闹出的笑话不在少数。

但好在我可爱的学生们并没有因为我时常听不懂他们讲话而对我疏远，反而他们愿意用自己的“昌普”不厌其烦地给我解释我的困惑。当然，我也努力让自己融入昌宁，学习了不少当地的词汇，就在我说出“算求”的时候，办公室的老师们都笑着说小沙的昌宁话已经算是过关了。当我和孩子们的交流少了许多重复的解释后，他们也对我敞开了心扉，对我这个东北来的老师有了更多的信任与依赖。

刚开始上课的时候，我抱着不浪费孩子们天赋的想法为他们制定了一系列颇具难度的民歌课程，准备让他们在我的影响下成为一个个民歌唱将。但结果事与愿违。孩子们在一次课上苦着脸对我抱怨：“哎哟，老师这个我们唱不赢啊！太难啦！”

这时候我才意识到可能我定下的课程只是我的想法，他们并不是特别喜欢民歌。于是我开始反思，十几岁的孩子们喜欢什么？想要在音乐课上听到什么？他们的喜好是有哪些能被我拿到课堂上的？为了搞清楚学生们的想法，我采访了许多位学生，了解到他们其实更喜欢一些流行音乐。为了让课堂更加容易接受并且学有所得，我也向自己的老师请教了许多教学上的小妙招。在一系列的调整后，一套新的课程安排新鲜出炉，包含了学生们容易接受的流行歌曲，同时也有一些基本乐理知识，也有经典音乐剧歌剧的欣赏解析。从上课的氛围中不难看出，孩子们对这样的内容接受度高了很多，唱歌时眼睛里的光芒也一点点绽放。

爱心捐赠、送教下乡活动现场

成人礼活动现场

“少年自有少年狂，身似山河挺脊梁，敢将日月再丈量，今朝唯我少年郎”“这是最

学唱《学习雷锋好榜样》

平凡的一天啊，你也想念吗，不追不赶慢慢走回家”，少年们的歌声随着风，飞向高山，掠过原野，穿越溪流，飞向更远的地方，一如他们的梦想。我教会他们唱歌，也种下希望，支教结束的时候，孩子们已经学会了二十几首歌曲，这是我送给他们最好的礼物，我离开的时候，孩子们也用歌声为我送行，那旋律始终流淌在我心里。

那一年，我在西南绵延的山脉中，实实在在地接触大山，教授知识，传递歌声，身体变得更结实、性格变得更坚毅、心胸变得更宽广，也遇到了一群很可爱的孩子，我爱那片土地，更希望我的学生们都可以乘着歌声的翅膀，迎着阳光、带着梦想去向远方。

春风化雨　新闻中的我们

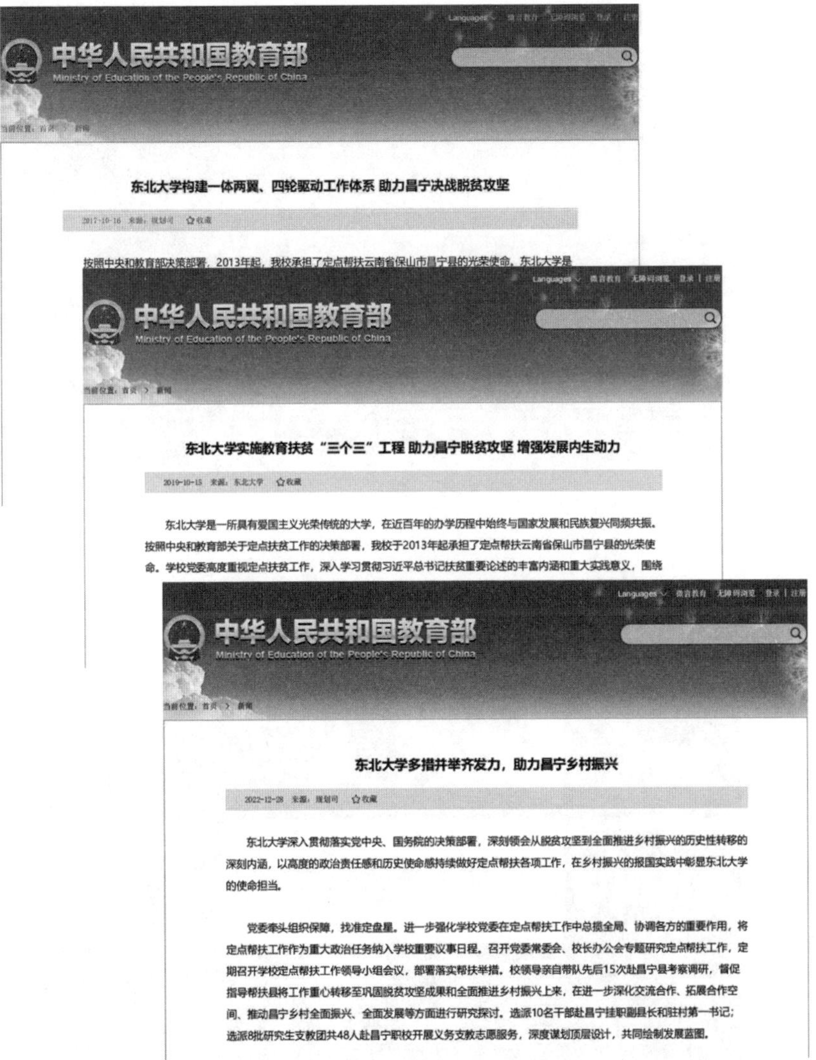

中华人民共和国教育部
Ministry of Education of the People's Republic of China

东北大学构建一体两翼、四轮驱动工作体系 助力昌宁决战脱贫攻坚

2017-10-16 来源：规划司 收藏

按照中央和教育部决策部署，2013年起，我校承担了定点帮扶云南省保山市昌宁县的光荣使命，东北大学是

中华人民共和国教育部
Ministry of Education of the People's Republic of China

东北大学实施教育扶贫“三个三”工程 助力昌宁脱贫攻坚 增强发展内生动力

2019-10-15 来源：东北大学 收藏

东北大学是一所具有爱国主义光荣传统的大学，在近百年的办学历程中始终与国家发展和民族复兴同频共振。按照中央和教育部关于定点扶贫工作的决策部署，我校于2013年起承担了定点帮扶云南省保山市昌宁县的光荣使命。学校党委高度重视定点扶贫工作，深入学习贯彻习近平总书记扶贫重要论述的丰富内涵和重大实践意义，围绕

中华人民共和国教育部
Ministry of Education of the People's Republic of China

东北大学多措并举齐发力，助力昌宁乡村振兴

2022-12-28 来源：规划司 收藏

东北大学深入贯彻落实党中央、国务院的决策部署，深刻领会从脱贫攻坚到全面推进乡村振兴的历史性转移的深刻内涵，以高度的政治责任感和历史使命感持续做好定点帮扶各项工作，在乡村振兴的报国实践中彰显东北大学的使命担当。

党委牵头组织保障，找准定盘星。进一步强化学校党委在定点帮扶工作中总揽全局、协调各方的重要作用，将定点帮扶工作作为重大政治任务纳入学校重要议事日程。召开党委常委会、校长办公会专题研究定点帮扶工作，定期召开学校定点帮扶工作领导小组会议，部署落实帮扶举措。校领导亲自带队先后15次赴昌宁县考察调研，督促指导帮扶县将工作重心转移至巩固脱贫攻坚成果和全面推进乡村振兴上来，在进一步深化交流合作、拓展合作空间、推动昌宁乡村全面振兴、全面发展等方面进行研究探讨。选派10名干部赴昌宁挂职副县长和驻村第一书记；选派8批研究生支教团共48人赴昌宁职校开展义务支教志愿服务，深度谋划顶层设计，共同绘制发展蓝图。

东北大学脱贫攻坚相关事迹被教育部关注

东北大学研究生支教团山区支教记忆

2081 3 2022-06-28 17:30:25 未经作者授权，禁止转载

那年我们二十出头——东北大学第十九届研究生支教团云南队

251 0 2020-03-11 18:12:28 未经作者授权，禁止转载

三台县七一小学校负责同志和研支团成员为学生发放爱心足球

东北大学研支团四川队与收到“微心愿”活动礼品的孩子们合影留念

第五章

生生不息
西部热土镌刻青春

风雨十载，一秩芳华。东北大学研支团的志愿者到基层、到西部、到祖国最需要的地方，同人民一道拼搏、同祖国一道前进，服务人民、奉献祖国。他们在基层磨炼本领，成就精彩；他们在基层教书育人，挥洒青春；他们在基层播撒爱心，服务社会。10年无悔，几载荣光，他们将火热的青春年华熔铸于祖国边陲，他们把青春之“小我”融进祖国之“大我”，在祖国最需要的地方绽放绚丽的青春之花。让我们走近东北大学研支团，一起去了解其他人眼中，这些“花儿”是如何盛开绽放的。

用爱感化 用心引领

——记东北大学研究生支教团的老师们

新疆维吾尔自治区布尔津县初级中学
王桂玲　党总支书记

清晨，收到东北大学第二十四届研支团的邀请，为记录东北大学研究生支教团支教故事一书写篇稿子，脑海瞬间浮现出以往及现在东北大学研支团的老师们与初级中学的老师们、孩子们在一起工作学习的美好时刻，一张张脸庞、一幕幕场景历历在目。

近在眼前的是 2022 年 8 月来到学校的王瑞明、钱重宇、许志鹏。2022 年 9 月遇上新疆战胜新冠疫情的关键时期，他们主动请缨积极参与到学校防疫工作中。一学期师生几乎居家上课，他们与全体师生一起经历了线上教学、线上线下同时授课、感染新冠仍坚持完成线上教学任务的艰难时刻，队长王瑞明代表大家说得最多的一句话是："书记，不要考虑我们，有任何工作只管给我们安排。"最美的声音仍在耳畔回响。钱重宇因为妈妈重病请假回家，由于疫情无法按时返回，主动打电话在河南农村老家克服困难坚持为孩子们上网课、批改作业。许志鹏接手的是比较调皮的两个班级，面对孩子们每天的课堂表现，多少次独自落泪、多少次主动请教、多少次反复调整教学方法调动学生学习兴趣……辛苦付出终有收获，我想老师们、家长们、孩子们的认可就是他们最好的成绩。

初级中学师资短缺，王瑞明也是有史以来第一位任教七、八、九三个年级的老师，教授学科涵盖历史、英语、数学，除了听到他的教学成效赢得同科目老师们极高的评价外，更多的是看到他每到一个班级都能因幽默风趣又耐人寻味的授课方式第一时间深受同学们喜爱，已经记不清有多少次课间，看到学生们一直抓着王老师追问："为什么不教我们了？什么时候能再回来给我们上课？"每次想到这些难免觉得有些惭愧，实在不想让他和学生们经历一次又一次的分别，但王瑞明将这一切深厚的感情埋藏在心底，从未对学校的安排说过一个"不"字，"哪里有需要，我就去哪里"的服务宗旨在他身上展现得淋漓极致。为此，学校负责教学的刘新华副校长经常说："这一年有小王他们在，真的给我们缓解太多师资紧张的教学压力了。"王瑞明还调动多方资源和科室的老师们一起精心构建多维育人体系，为初级中学的学生推出众多别开生面、品质上乘、喜闻乐见的精品项目和特色活动。此外，这一年里他还充分发挥专业优势，为学校撰写高质量教育活动信息近百篇，使得学校的特色工作多次收到中青网、新疆网、地区融媒体平台等收录报道，为学校的整体宣传工作作出了重要贡献。学校德育处主任加尔肯总是开玩笑地说："现在各科室发布的推文都让小王帮着修改，他要是走了，咱们的宣传工作还怎么做啊……"

2023 年 3 月，所有的工作生活回归正常，大家更加忙碌起来，除了教学工作，还承担学生思想政治教育工作，在队长的带领下，根据学生们的需求，积极发挥自身优势并主动协调东北大学的教育资源，为全校学生开展理想信念教育、爱国主义教育等线上线下宣讲、实地参观20余场次，覆盖全校学生，让边疆的孩子们近距离地享受了优势的教育资源，他们的用真心真情换来了老师们、孩子们的依依不舍。

说到这里，又想到2017年8月来自东北大学的河南小伙子姚骞，带着满满的激情来到初级中学。后来了解得知他是典型的学霸，性格活泼开朗，当看到孩子们基础薄弱他显得非常着急，主动想办法为学生搭建课后培优补弱班，在与学校沟通同意后立即实施，工作效率之高可以看出他真想用一年不长的时间改变孩子们，哪怕一个两个……在实践的过程中还根据实际不停地调整措施，他真的做到了。当时的他充分发挥了学霸的优势，集中了九年级在学习上需要帮助的孩子，每天利用放学给孩子们补习数学和英语，为确保孩子们安全，主动联系家长取得支持，寒来暑往、刮风下雨从没有停止。当老师们都已下班离校，唯有他与孩子们在课堂上激烈地研讨，毕业之际孩子们来了、家长来了，在校园的角角落落照相留念。我站在办公室向外凝望，蓦然间看到他们或举起或抱起或背起，说是师生更像朋友，欢快的笑声飘荡在校园上空。后来这些孩子也走进了大学的校

新疆布尔津县初级中学一隅

园，听家长说孩子们还去河南找姚老师去了，这种情谊深深地印在边疆孩子们的心里。

记忆中很深刻的一节民族团结班会课，授课老师是2021年8月来到学校的东北大学研支团成员杜书影，为了让孩子们有更真切的感受，小姑娘想尽办法请到了她的师哥——一位新疆的维吾尔族小伙子，通过屏幕小伙子给孩子们讲述了他的成长经历，带领孩子们参观东北大学，以切身的体会引导孩子们感党恩、听党话、永远跟党走，树立起不懈奋斗的远大志向。

还有2020年的王宗鉴，一次我们一行人代表学校到宿舍去慰问，进门的那一刻我们都惊到了，房间布置清新雅致，最为明显的还有书桌上那厚厚的一本哲学书，我恍然明白了工作中她的兢兢业业、认真负责。由于学校师资的不稳定，她带了一个学期的英语课，第二学期要带历史，利用假期休息的时间她通读了历史课标和教材，观看精品课、查阅资料等，为新学期的授课做足了准备，这种精神让我们感叹不已。

这几位老师是一批又一批东北大学研支团成员中优秀的代表，在他们身上都能体现较高的政治觉悟、思想政治理论水平、扎实的学识、高度的责任心、使命感，这些无不彰显了东北大学严谨的治学、良好的校风。

近年来，一批又一批东大有志青年深情地、热烈地、无悔地将青春芳华在西部广袤大地深情绽放。他们追求理想、无私奉献，坚持“用一年不长的时间，做一件终生难忘的事”，在教育教学、思想引领、启智润心、立德树人等方面开创了服务品牌，奠定了优质基础。助力学校教育质量和办学水平不断提高，引导孩子们开阔视野、了解世界，帮助他们点燃梦想和希望。

你曾温暖过澜沧江畔的风

——谨以此篇送别东北大学第二十四届研究生支教团全体成员

昌宁职业技术学校
管子 老师

每年 9 月，你们都从白山黑水的渤海湾辽宁自北向南穿越祖国 3800 公里的腹地如期而至这云南澜沧江畔的昌宁。轻轻地，你们来了，带着简单朴素的行囊，带着热情洋溢的青春，带着干净明亮的梦想……

一

“你们什么时候去买了这么大的音箱？你们哪来的钱？”汽修部杨晓东老

师看着教室里崭新的音箱，狐疑地问班长。

“杨老师，不是我们买的，是东北大学老师奖励我们班的。”全班同学一脸得意地回答。

“奖励？奖励你们什么？”杨老师愈加狐疑。

“上学期语文期末考试最高分在我们班，班级的平均分也高，这是东大老师给我们的惊喜。”学生们愈加得意。

杨老师欣慰地微笑起来，教室的气氛轻松了起来。

“老师还奖励过我们烤鸭，因为我们作业写得认真。”

“我得过德克士汉堡，因为我抢着回答问题。”

“我得过一块德芙巧克力，太好吃了，这是我第一次吃德芙巧克力。”

“老师还送过我一整套东野圭吾的书，因为我喜欢阅读，她叮嘱我要多多读书。”

“这是老师送我的钢笔，因为我字写得漂亮。”

“我得过 150 元的现金大奖，因为我在班里的创新创业自由发挥环节得了第一名。”

……

“杨老师，除了音箱，东大老师还送了我

东大老师引导学生们依据电磁原理等制作的部分作品

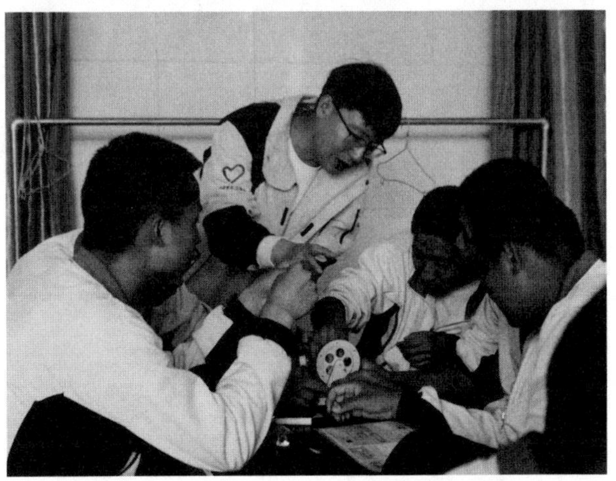

东大老师和学生们共同探讨能量转换及其应用

们一套初高中化学仪器，老师怕我们捣乱收到办公室了，里面的东西可神奇了。”班长连忙补充道。

为了激发学生的学习兴趣，东大的老师们可谓穷尽所能，殊不知他们也只是学生，每个月领着 2200 元的工资补助，默默地为学生花费的数千元已然是一笔大开支。很多美好的人，并非为了向他人证明自己的美好，但看见美好的事物就应播种这份美好。因为，这本身就是一件能让自己更加美好的事情。

二

“郝老师，你桌上这些莫名其妙的东西是什么？”向来以理科思维负智商著称的我好奇地问道。

“哦，管老师，这是我给学生上创意实践课在网上买的材料。”郝老师放下顶到下巴的一摞纸盒，望着办公桌上堆成山的材料答道。

“创意实践课？”他桌上的物件我定然是一件也不认识。

“哦，就是教他们使用一些生活中常见的小物件做出新的东西，比如使用废弃的矿泉水瓶加上车轮和小电机做出手划船，我想让孩子们体验一下科学的趣味和力量，我上周试上了两节课，学生特别有兴趣，自己主动去分工分组合作，有的孩子看图纸，有的负责安装，有的拧螺丝，课堂气氛异常活跃，别看他们平时挺皮，其实还是蛮好学的。你看，桌上全是他们自己做的！”郝老师脸上露出了大男孩腼

东大支教老师和学生们共同探讨创业比赛的项目

腆的笑容。

其实，对于东大的学生们来说，这一年的支教生活只是他们青春里一帧可有可无的插图，他们注定永远不会再当老师，因为波澜壮阔的大海才是他们青春的起点。而于这些还不知道什么是“985”、什么是“211”的职校孩子来说，东大学生的到来有可能像这冬日老城的暖风一般吹拂过他们曾经尘封的心，他们彼此用迥异的青春给予过对方超出想象的体验和思考，哪怕只是一瞬间，却依然绽放出永恒的美好。因为，这个世界上，有很多我们不曾看见的东西却是会生根发芽的，亦如那些曾经埋藏在黑暗里的种子。

“哦，这样，这个比赛我有经验、有资料，我就想趁我走之前带几个学生，如果我赶不上比赛，留比赛项目给你们来做。”他真诚地望着我的眼睛，我突然有种无以言表的自惭形秽侵袭而来，我想我大抵是老去了。

“这种比赛我的智商大概是不够的……”我不得不实言以对。

“没有，管老师，我看你能做，我先给你讲讲。以后我们还可以电话、微信联系。我就觉得，大老远来这一年，总得做点有意义的事情。”他宽慰我道，便把项目材料发给了我。

我向部长申请安排了几个学生，抓紧时间和郝老师先练起来，我把材料打印出来认真地约同事研究起来，尽管这对我几乎是不可能。

于我，那些一意孤行的青春已然远去，亦如不可重写的历史，可是青春真的就这么消逝了吗？有人说，一个人是否年轻与年龄无关，接触每届东大的支教学生都能点燃我那死灰复燃的青春，偶尔的一瞬间，仿佛我只是他们的大学同学，青春或许真的与年龄无关。

三

临了，东大学生们与我们离别的日子一天比一天近了。学校团委安排我写一篇文章，我向来只写那些自己看见和认同的事情，便与他们闲聊起来。“这一年，你们记忆最深刻的事情是什么？”我们随意聊着。

东大老师和相关部门一起去更戛乡开展“共圆童心梦”活动

东大老师和银龄计划老教师收到鲜花后与学生们的合影

“我们去更戛乡幼儿园给孩子们捐献书包、文具和玩具，那里的孩子和老师都特别淳朴，眼睛特别干净明亮。”“嗯，是的，我们刚进幼儿园，一群孩子便‘唰’地围上来，好奇地看着我们，全都穿着苗族和傈僳族的服装，可漂亮了。”许萌哲和叶体民抢着答道。

“嗯，还有向贵强老师约我去漭水下乡，为了帮助农户，我也力所能及地买了农户的一点核桃和腊肉，让我记忆最深刻的就是一位老爷爷用粗糙而温暖的双手颤巍巍地把藏在里屋自己一直舍不得喝的牛奶递到我的掌心里，他听不懂我的普通话，我也听不懂他的漭水话，却用长满硬邦邦老茧的双手拉着我聊了很久，我真想再去看看他，但好像来不及了。”郝云瑞不无遗憾地说。

“还有，中秋节兰丽老师约我们去她家吃饭，给我们上了满满一桌子菜品，最好吃的就是鸡枞，有油鸡枞，有水鸡枞，特别是油鸡枞，真香，吃完还开车把我们送回学校。”杨一波一脸回味无穷地说。

“我最感动的就是有一次学生居然给我送花。”钢铁直男沈元博面无表情地说了一句。那是我上艺术插花课时给学生安排的作业，让学生自己做一束鲜花，自由选择去送给学校的一个老师，我记得当时沈老师脸上曾经露出过难得一见的一丝笑容。我想，根据热传递原理，温暖应该也是会传递的，亦如鲜花散发的香气可以让很多人的快乐弥漫开来。

诚然，国家的扶贫政策让这边陲小镇已不再贫困，但边远地区的落后不只是经济，有些人可以给这贫瘠的荒芜里照进一束光，哪怕极其微弱，光束多了就可以照亮很多人 。而我，愿意成为光束里的光，因为唯有自强不息，方可知行合一。

悄悄地，你们走了，不带走一片彩云。我们记得，你们来过，曾经温暖过澜沧江畔的风，温暖过这些风中摇曳的孩子，也温暖过我曾经死去的生命！

我谨代表个人感谢历届东北大学支教团的学生们，祝愿你们一路顺风，勇敢奔赴如你眼眸般干净明亮的星辰大海！

更替的是团队 不变的是你们

共青团四川省绵阳市三台县委员会
陈首宇　团委副书记

2022 年，东北大学第二十四届研支团接过脱贫攻坚“接力棒”，迈出乡村振兴“新步伐”，扎根三台县七一小学校开展支教帮扶，用实际行动书写青年大学生的担当奉献，让青春在梓州大地绽放，让爱在梓州大地传播。

乡村振兴，教育先行。我县地处四川盆地中北部，是典型的丘区人口大县、农业大县，教育事业并不发达，东北大学派遣的研支团对我县教育事业发展起到了积极的促进作用。本届 6 名优秀的大学生志愿者在支教期间，始终坚持“重教勤学、求实创新”，他们行动有力，表现优异，成绩显著。校园以内，研支团志愿者不仅担任了语文、数学、外语、生物、化学、物理等课程的主讲教师，还承担音乐、体育、课余兴趣班的教学工作。在关注教学成绩的同时，他们也充分发挥个人特长为学生积极营造青春、活泼的校园氛围。校园之外，志愿者还利用周末和假期积极参与党的二十大精神系列宣讲活动、“圆梦童心”微心愿征集活动、“文明交通　安全出行”活动以及关爱留守儿童、走进敬老院、疫情防控等志愿服务活动。研支团的工作得到了学校、学生、家长的一致好评，充分展现了东北大学青年昂扬向上的精神风貌，鼓舞了我县青年奋发图强，凝聚了全面建设社会主义现代化国家的强大合力。研支团成员周凯菲、韩康明荣获《地名天府·文化寻根》地名达人选拔赛一等奖，被四川省民政厅、四川广播电视台授予“三台地名达人”称号；研支团团长胡晴被共青团绵阳市委、绵阳市精神文明建设办公室授予第三届绵阳市青年志愿服务优秀个人；研支团成员刘泽阳荣获 2022 赛季三台县校园篮球联赛优秀教练员（三台县教育和体育局授予）；创立的“童心织梦”计划志愿服务项目荣获第二届绵阳市青年志愿服务优秀项目。

扎根西部，绽放青春。东北大学研究生支教团四川队自 2013 年成立起，10 年来共派遣 61 名成员先后服务于三台县芦溪镇高级中学、三台紫河学校、三台县七一小学校、广化东尚小学等学校，东北大学投入优质教育资源助推我县人才培养根植厚土，一批批有理想有担当的青年，为我县经济社会发展、民族团结进步作出积极贡献。他们像戈壁红柳、似沙漠胡杨，让青春在奉献中焕发别样绚丽的光彩；他们响应国家号召，怀着执着的理想远赴条件艰苦的边远地区，扎根基层教书育人，写下了充满激情和奋斗的青春历程。

巴山蜀水风雨路，一枝一叶总关情。历届研支团的支教工作给他们带来了宝贵的经历，也给我们留下许多回忆和感动。

2019 年，东北大学第二十一届研究生支教团在三台县支教期间，除了完成日常的教育工作外，努力克服疫情给团队带来的健康风险和心理压力，积极参与公益服务活动。向三台县宝泉小学全体学生捐献图书和夏、冬两季校服以及办公桌椅等设施；积极参与城乡环境综合整治、马拉松赛事志愿服务和央视有关三台县纪录片的拍摄。

2020 年 8 月，涪江上游普降暴雨，水位快速上涨，三台县多地受到严重洪涝灾害。东北大学第二十二届研究生支教团积极响应绵阳市政府号召，随三台县青年应急服务队迅速来到受灾地区柳林坝，趁暴雨间歇紧急疏散 650 余名群众撤离涉险地区，在疏散工作结束后，志愿者在河堤沿岸搭建临时警戒线，并设点驻守，实时监测河堤水位，防止群众再次前往涉险区域。第二十二届研究生支教团成员叶嘉明响应就地过年政策，积极协助疫情防控指挥部开展“疫情防控进社区”活动，宣讲防疫政策，入户开展核酸检测，展现了青年志愿者履责于行的担当精神。他们给三台留下了珍贵的回忆，也进一步加深了东北大学和三台县的渊源。

日月星辰，斗转星移。更替的是团队，不变的则是志愿服务精神。愿东北大学与三台进一步加深校地联系，深化校地合作，共同传承革命历史，延续深厚友谊，愿百年东大更加辉煌。

珍视来自东北的友情

共青城市耀邦红军小学
周小琳　六年级学生

我是六年级6班的周小琳。记得在2022年的9月，学校来了几个新老师，说是从东北大学来的。东北在哪里？只觉得是很遥远很遥远的地方，我当时不解，就跑过去随便问了一个队伍里的男老师："老师好！听说你们的从东北来的呀，东北在哪里呀？"老师温柔地说道："东北啊，那可是我们国家的一块宝地，那里山环水绕，有白山和黑水。""白山黑水？有意思！长大了我也要去看看！"我对着老师笑了笑，心里决定要好好学习，将来有机会一定要去东北看看这个神奇的地方。这是我和支教老师的初遇。

东北大学研支团相关事迹被江西电视台报道

“丁零零”，上课铃声准时响起，我迎来了六年级的第一节道德与法治课，当老师走进教室的时候，我惊呆了。“这个老师我见过！就是开学的时候和我聊天的那个老师。”我心里激动得差点喊了出来。本以为那几个新来的老师应该教不到我，没想到这么快就又见面了。在接下来的一年里，随着对支教团老师们的了解越来越深入，向他们请教的问题也越来越多，我也收获了很多，感悟颇深。

这一年老师教会了我们学习方法。孙老师在道法课上总是和我们强调学习方法远比记上一两个知识点要重要得多。在课堂上孙老师通过书本，手把手地教我们预习和复习，虽然是道德与法治课，但是学习方法能够触类旁通，帮助我在其他各科学习上学习和进步。这些教学方法和实践策略都深深地印在我的脑海里，成为我学习路上的宝贵财富。

做学生喜爱的校园媒体

——研支团与昌职之声的故事

第二十二届研究生支教团
霍佳锐　云南队

“巍巍观音山，桃李欲芬芳，听众朋友大家好，这里是昌职之声校园广播，今天为您播出五四青年节特别节目……”

每天下午五点半，是昌宁职校的学子们吃晚饭的时间。与热闹的食堂相比，昌职之声广播站显得严肃而安静，各项工作正有条不紊地进行，当音乐声准时响起，整个校园就活跃起来，国家大事、校园新事、同学故事在这段时间里陪伴着校园中的每一个人。2021 年五四青年节后，昌职之声广播站播出了它的第一百期节目，从“零”到“一百”，让校园广播重新焕发生机的是支教老师与学生们的共同努力。

从无到有

东大研支团刚来到职校时，职校的广播站正面临解散。设备老化，播音效果不佳，师生意见大，最主要的是缺少合适的播音员。研支团的成员们商议后决定，不能放弃这仅有的学生媒体，一定要让职校的广播站重新发挥作用，得到肯定。

研支团的支书霍佳锐主动担起了这份重任，在东大他曾是学校广播电台的副台长。两周的时间，从制定章程到维修设备，从设计节目再到全校范围招募播音员，昌职之声广播站终于有了一个雏形。

最初的那段日子里，老师和学生们都付出了格外多的精力。学生的普通话不流利，播出效果达不到预期，霍佳锐就守在广播室里，带领学生一遍遍练习稿件，练习不过关就不开麦克风。学生文字基础薄弱，霍佳锐就手把手带着学生编辑稿件，每周 2 万余字的文字材料一教就是一个月。

终于在国庆节前夕，昌职之声广播站第一次向全校广播，节目播出后，几名播音员难掩激动，回想起那一天时，他们曾说："老师，话筒在我面前突然变得很神圣了……"

一方天地

"说到广播站，我把它看作育人的又一个课堂。"霍佳锐这样定义昌职之声。

在职校就读的学生，一方面接受文化课教育，课堂教学是他们的第一课堂；另一方面接受职业教育，在各个实训基地进行劳动技能学习，这是他们的第二课堂。除此以外，职校学生似乎缺少一些兴趣培养、丰富的精神世界，促进全面发展的平台。

五育并举，打破一、二课堂之间的藩篱，这是东北大学人才培养体系的突出特色，研支团的成员们对此十分熟悉，也将东北大学的育人理念带到了昌宁职校。为职校学生争取一个展现自我的舞台，为有梦想的孩子打造一方全面发展的天地，这正是成员们坚持把广播站办起来的初衷。

昌职之声广播站

昌职之声广播站第一届成员和霍佳锐老师合影

杨金，职校畜牧兽医专业的一名学生，是同学们口中的“刺儿头”。课上睡觉，从不听讲，几次顶撞老师后，老师们对他也是放任自流。“在这所学校，像杨金这样的学生不在少数，但我总觉得，他在某些地方和其他人不一样。”霍佳锐说。

广播站招新面试的时候，杨金主动报了名。面试结束后，他对霍佳锐吐露了心声。原来杨金不是本地人，初中未毕业时，他曾离家出走，一年后，父亲和哥哥领他回了家，把他送到离家一天车程的昌宁，学习畜牧兽医。在这所学校，他同样迷茫。远离家乡，无亲无友；路程太远，周末也无法回家，用他的话说，“不知道自己学的东西有没有意义，不知道未来有没有希望。”

“老师，我报名了广播站，因为我觉得你们都很厉害……我想变得更好，你能帮帮我吗？”杨金真诚的愿望，令霍佳锐备受鼓舞。在广播站，杨金被安排负责理论专栏，专门播讲时事评论文章，他就在一遍遍练习稿子的过程中不断学习，有读不懂的地方还会主动找老师请教。一两个月的时间里，杨金整个人的精神面貌焕然一新，老师们眼中的“差生”、同学们口里的“刺儿头”变成了“知上进、专业强”的好学生，所有人都惊讶于他的改变。2021 年春节前夕，霍佳锐接到了杨金的电话，两个月后，他将前往昆明，参加省级技能比赛，得到消息后，他第一时间把这个喜讯告诉了研支团的老师。

杨金的转变让霍佳锐看到了广播站作为一方育人天地的潜力，播音工作步入正轨后，昌职之声广播站的小屋里，又陆续多出了白板报、照片墙、图书角、学习桌，学生们对这方来之不易的、真正属于他们自己的天地越发珍惜。

再上层楼

昌职之声广播站的成功，是昌宁职校学生媒体发展的第一个尝试，也让职校注意到多方位培养学生技能的可行性。服务期将满时，职校领导找到霍佳锐，希望他在广播站的基础上，再结合职校的电子商务专业和信息学部相关专业，打造一只专注于新媒体的宣传队伍，更直观的理解就是打造昌宁职校的校园电视台。

很快，校园电视台的工作框架有了雏形，各环节所需要的设备也逐步添置到位，其中最为醒目的，就是悬挂在学校主楼上、面向操场的大型电子屏。在地处西部边陲山区的昌宁县，这是一项很大的投入，学生们也常聚在一起议论，这电子屏到底会播放什么内容。

昌职之声广播站正在播音

告别昌宁的日子一天天临近，电视台的工作步入正轨需时日，电子屏就这么闲置着十分可惜。于是研支团的成员们与职校领导商议，能否在每天19点，直播央视的《新闻联播》，职校领导也欣然答应。令大家都没想到的是，当时的无心插柳，在几个月后竟成了一个非凡时刻的契机。

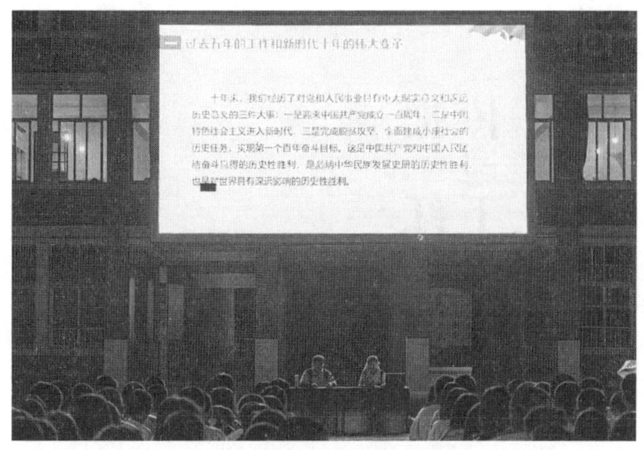

校园电视台电子屏投入使用

研支团使用校园电视台电子屏举办活动

2021年9月末，已经返回学校读研的霍佳锐接到了国庆节前夕央视的采访，采访中他谈到自己在昌宁支教的经历。这段采访后来在10月6日的《新闻联播》中播出，时长55秒，播出日前央视的记者联系到霍佳锐，希望他提供几张在昌宁支教时有代表性的照片，霍佳锐没有犹豫，把他和昌职之声广播站第一批成员的合影发给了对方。

10月6日当天，提前一晚返校的昌职学子们齐坐在操场上收看《新闻联播》，看着看着，一些同学发出惊呼："这是不是霍老师！"紧接着，又有一些同学在《新闻联播》的画面里看到了自己，每个人的脸上都洋溢着美好的笑容。

把『红色火炬』传递下去

李青坡

作为土生土长的辽宁人，我是听着东北抗日联军的故事长大的。中共满洲省委旧址纪念馆、“九·一八”历史博物馆……一次次红色之旅、一场场红色教育，红色的种子打小就深深埋在心里。从小学到大学，与百年党史的每次相遇，都让我对共产党人为何能够永葆青春活力有了更深的感知和体悟。

还记得去年快毕业时，我面对着各种选择犹豫不决。徘徊间，突然想起大二时读到的一个动人史实：爱国人士黄炎培拿着东北大学毕业生苗可秀烈士的遗书手稿影印本，向国人发出“三问”：“诸君啊，我们不都是中华民族的一分子吗？不都是有担荷作新中国主义的使命吗？不都是接受苗烈士的期望者吗？”这段话深深触动了我。是呀，应该把自己的所学、所知带到祖国最需要的地方去！于是，我报名参加了东北大学第二十二届研究生支教团，来到祖国边疆——新疆，成了一名光荣的人民教师。

在新疆布尔津县高级中学，只要有机会，我和支教团的成员们就会向学生们分享萦绕在我们脑海的红色记忆：“杨靖宇只身与日寇周旋五天五夜，腹中只剩棉絮和杂草”“苗可秀烈士写下‘誓扫倭奴不顾身’，慷慨就义”……把这些故事讲给学生听，就是要把传承下来的红色基因传递给他们，让他们懂得今天幸福生活来之不易。今天，实现中华民族伟大复兴的接力棒已经传递到我们这代青年手中。这是宝贵的人生际遇，更是光荣的时代使命。与时代共奋进，做“红色火炬”的传承者，我们责无旁贷。

光明日报 05
2021年1月28日 星期四

奋斗百年路 启航新征程

庆祝中国共产党成立100周年

回望“九一八”：民族危亡时，他们擎起抗战大旗

本报记者 刘勇

中学生在伪满皇宫博物院的九一八事变纪念展献上签字。 新华社发

观众在中共满洲省委旧址纪念馆参观。 新华社发

1月22日，京哈高铁全线贯通。在九一八事变发生地——日军炸毁南满铁路的沈阳柳条湖地区，从北京出发的复兴号“高寒版”动车组列车飞驰而过，一路向北。

战争的硝烟早已消散，如今的东北正争分夺秒加速前行。永不止息的奋进背后，是永志不忘的记忆——沈阳“九一八”历史博物馆残历碑上，残缺的日历上以苍劲文字记载着一段惨痛历史，其相时刻提醒人们：震惊中外的九一八事变是中国人民抗日战争的起点，标志着世界反法西斯战争的开始；而在艰辛抗战历程中形成的伟大精神，可歌可泣、历久弥新。

“将帝国主义驱逐出中国！”——世界史上第一篇反法西斯战争宣言在这里诞生

“始终没有放下手中的武器”——奋起反抗，组织抗日武装力量

“用新时代振兴发展的成效告慰先烈”——传承东北抗联精神，奋力实现全面全方位振兴

《中共满洲省委为日本帝国主义武装占领满洲宣言》影印件。 资料图片

红色文物背后的故事

将军马刀重出鞘

讲述人：吉林省中国特色社会主义理论体系研究中心研究员 李忠双

青年学子说

把“红色火炬”传递下去

讲述人：东北大学冶金工程专业硕士研究生 李青城

党史链接

二十几岁时做件终身自豪的事

《光明日报》

每年毕业季，当众多学子告别母校，走上工作岗位的时候，在东北大学，总有这样一群人，默默地背起行囊，踏上西行列车，用青春去兑现一次承诺。

“自2006年以来，全校已有11批共112名研究生，奔赴新疆、四川、云南等贫困地区，开展支教、扶贫活动。”东北大学团委书记闫研告诉记者，“广阔的西部不仅成了学子奉献的舞台，也成了他们锤炼自己的熔炉。”

10年来，东北大学研究生支教团先后涌现出全国西部计划志愿者报告团成

支教研究生和新疆禾木哈纳斯蒙古民族乡小学的孩子们在一起

员高祥、辽宁省志愿服务先进个人马犇、辽宁省向上向善好青年刘雷、云南省昌宁县抗险救灾先进个人侯朋远、新疆布尔津县民族团结先进个人芦书豪等一批先进典型。

“人生最大的需要，是被需要”

2006 年 8 月 28 日，由张勇亮、杨铭茹、孙明哲组成的研究生支教团，首次走进新疆伊犁昭苏县洪纳海乡上洪纳海村小学，从此拉开了东北大学研究生西部支教的帷幕。

乘 5 个小时飞机，又坐 14 个小时汽车，从中国的东北角到西北角，3 个人从学生生活迅速转换到支教生涯，不仅要学会做饭、生炉子、糊窗户纸，还要适应新疆独特的气候。面对这些，张勇亮说：“人生最大的需要，是被需要。”

“那一年，我们发现有一个叫艾勒沙提的女孩心事重重。经过询问，了解到由于家里买不起煤，孩子妈妈正冻病在床。我们 3 个人为艾勒沙提家送去煤炭，还买了一些肉和蔬菜。”时隔多年，张勇亮依然清晰记得那天艾勒沙提的妈妈一边流泪，一边用很不流畅的汉语说出的那句话：“你们是好老师，你们是好心人！”

类似这样的故事，每届支教团都经历过。高二哈萨克族女孩罗扎·别尔克别克，母亲身患精神疾病，父亲没有劳动能力，一家三口住在土坯房里。然而生活的窘迫并没有击垮这个坚强的女孩，她的学习成绩一直处在年级前列。“罗扎的故事深深地感动了我们。”第十六届支教团团长刘雷和团员们不仅为罗扎买来新衣服、新鞋，又通过公益活动为罗扎争取到每年 2000 元的资助。今年 8 月，罗扎收到了伊犁师范大学的录取通知书，已经回到东北大学的刘雷听到这个喜讯，激动得流下了眼泪。

“这条小鱼在乎，我救下的每条小鱼都在乎”

第十七届支教团团员何晓辰虽然已经从新疆回来 4 年多了，但是一提起新疆孩子“颁发”给他的毕业证书，依然按捺不住内心的激动。那是 2012 年 5 月，孩子们知道何晓辰要走了，就劝他：“老师，留下来不走，行吗？”他开玩笑地说：“研究生还没念完，你们要是给我发毕业证，我就留下。”谁知，两节课后，他真的收到了“研究生毕业证书”——学生们拿一张纸画了个毕业证，上面写着“何晓辰同学成绩优秀，乐于助人，被评为优秀硕士”。孩子们为这张证书设定的编号为 1314520，意为一生一世我爱你。在东北大学采访，支教团成员多次讲起这个故事：暴风雨后，海边沙滩有许多被卷上来的小鱼，一个小男孩不停地捡起小鱼扔回大海。“孩子，沙滩上有成百上千条小鱼，你救不过来。”有人劝他。小男孩回答：“我知道。”“那你为什么还在扔？谁在乎呢？”“这条小鱼在乎，我救下的每条小鱼都在乎……”第十五届研究生支教团团长高祥告诉记者：“我们虽然不能把所有的孩子带出大山，但我们能够为孩子们打开一扇窗。”

10 年来，研究生支教团开展了大量爱心公益活动：在布尔津县高级中学创办了“东北大学安利彩虹超市”，向品学兼优的学子捐赠学习及生活用品；

开展了“疆爱津行”“暖冬行动”，向社会募捐图书馆管理设备、多媒体教学设备、图书、衣物、学习用品及体育器材，折合人民币 100 余万元；通过发助学金等方式，累计发放爱心善款 10 余万元，帮助 200 余名中小学生重返课堂。

“与成功相比，我们更需要的是成长”

第十六届支教团团长刘雷对记者说：“支教的时间虽然只有一年，但很多年后，当我们在一起回忆青春的时候，还会由衷地感慨我们在二十几岁的年纪，做了一件到 80 岁都还自豪的事儿。”

二十几岁的年纪，人生有许多选择，谁都没有想到，处在人生岔路口的张博睿选择了支教。他说：“与成功相比，我们更需要的是成长。”“听说孩子决定到千里之外的云南支教，作为家长，心里多少有些担心和不情愿，”张博睿的父亲张湛说，“在孩子去那里生活一个多月后，我们就不得不承认，站在原来的角度看支教确实有些肤浅了。”张湛告诉记者，支教让孩子长大了，学会了吃苦耐劳，懂得了责任。

“以前我们在家饭来张口，衣来伸手，到了西部，门锁坏了，我们自己修，淋浴喷头坏了，我们自己换，”第十六届研究生支教团四川队队员闫子文说，“我们学会的不仅是技能，更是一种心态，那就是：作为一个成年人，能独立完成的事情就要独立去做、去做好。”

一年在西部，一生西部情。记者采访临结束时得到一个消息：第十六届研究生支教团团长刘雷，在新疆布尔津一年的支教过程中，先后跋涉过 2000 公里山路，走遍了全县 19 所学校，辅导过 1200 名学生，还从一辆出租车车轮下救出一名 10 岁的哈萨克族男孩。2015 年 7 月完成新疆支教后，今年 8 月他又参与了大学生志愿服务西部计划西藏专项，到西藏继续做志愿服务。

04 要闻　2016年10月28日　星期五　光明日报

刘奇葆强调

全力以赴抓好党的十八届六中全会精神学习宣传

二十几岁时做件终身自豪的事

——东北大学112名支教研究生的西部青春

"人生最大的需要，是被需要"

"这条小鱼在乎，我救下的每条小鱼都在乎"

"与成功相比，我们更需要的是成长"

\\长征路·新故事//

昔日黄沙漫漫 今日碧野青山

——宁夏彭阳县水土治理见闻

短评

绿水青山就是金山银山

第十二届北京国际金融博览会开幕

上海金山：

30座修身基地 提高市民素养

2016年二十国集团峰会第五次协调人会议召开

春风化雨 新闻中的我们

一年光阴短 ‖ 东北大学研究生支教团江西队支教日记

187 0 2021-08-10 11:51:30 未经作者授权，禁止转载

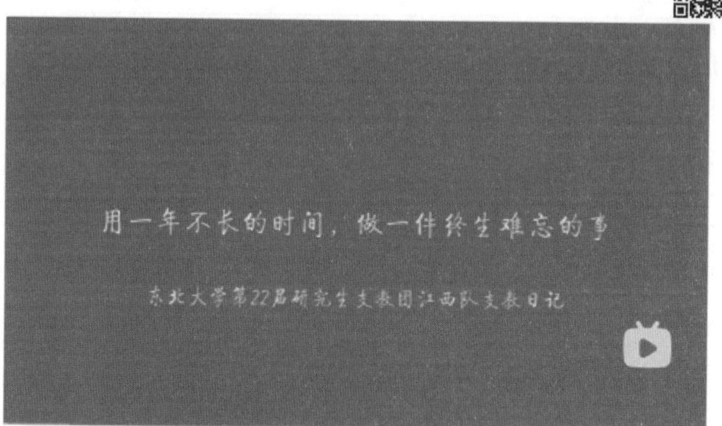

【我的第二故乡】《风雪迎春归》——东北大学第24届研究生支教团新疆队支教纪实

9 0 2023-07-03 16:29:38 未经作者授权，禁止转载

附　录

东北大学研究生支教团历届名单

东北大学第八届研究生支教团名单（2006—2007）

孙明哲　杨铭如　张勇亮

东北大学第九届研究生支教团名单（2007—2008）

姚艾君　韩秀峰　王生辉　肖云峰　李慧娟

东北大学第十届研究生支教团名单（2008—2009）

严　龙　张　岩　王世远　邱　晨　孙　涛

东北大学第十一届研究生支教团名单（2009—2010）

谢　越　李　杨　刘曦蕾　王明飞　李典阳

东北大学第十二届研究生支教团名单（2010—2011）

薛兴远　关　浩　曲舒怡　刘守逸　王云昊

东北大学第十三届研究生支教团名单（2011—2012）

何晓辰　牟俊生　孟庆斌　刘芳宇　王　玮　殷　娇

东北大学第十四届研究生支教团名单（2012—2013）

马　犇　由冠元　张　袆　高明夫　杜　宇　孙健禹

东北大学第十五届研究生支教团名单（2013—2014）

贾大宇　国镇疆　张　骁　张　晨　张　鑫　李怡然
王　倩　高　祥　殷卓然　赵立伟　庄曜铭　周洛琦
陶清男

东北大学第十六届研究生支教团名单（2014—2015）

刘　雷　刘俊夫　罗岑屹　卢家欢　姚　莉　于美婷
李慧思　汪英佶　王　莹　孙先朕　孙　蔚　刘效萌
闫子文　汤　琦　王东歌　侯文帅　吴昊凯南　黄清云

东北大学第十七届研究生支教团名单（2015—2016）

门添力　芦书豪　胡永欣　刘　赫　高司达　赵思家
侯朋远　何瑞擎　汪宇庭　张博睿　刘凤智　王　聪
刘启锋　孙嘉铭　方　亮　王凤娇　廖　静　毕洪山
孙　尧　刘全庆　孙山松　郭　健　王　洋

东北大学第十八届研究生支教团名单（2016—2017）

李　毅　李欣妍　刘思宇　闵滢霏　许洪铭　李云飞
高天芮　汪炫彤　何佳陆　杨壹程　郜　峥　全魁博
陈　佳　黄梦彤　田　歌　杨延涛　王　强　周雅凡
孙　璐　李月开　刘　璇　吴介焜　周华森

东北大学第十九届研究生支教团名单（2017—2018）

张棹然　张　茜　关舒予　赵泽超　杨岱恩　姚　骞
刘鹭鸣　乔思佳　王保君　周　杨　雒士源　张　钺
王源瀛　孙庆文　乔　梁　李晓飞　孙健乔　赵志影
王　喆　金　秋　高嘉文　冯婉珺　初　奇

东北大学第二十届研究生支教团名单（2018—2019）

朱双鹏　王鹤静　陶体健　黄银昊　黄欣梅　周华章

及文鹤　张润阳　赵　鑫　张　迪　兰　青　张克胜

蔡　鹏　李瑞雪　卢晶芳　赵　洋　王铂钧　裴宏旭

梅李阳　张　彤　张　奥　姜泽宇　赵　娇

东北大学第二十一届研究生支教团名单（2019—2020）

王新钰　李　月　孟江南　王宗鉴　党　乾　文大棒

熊芳苑　高　宁　杨　萌　于方舒　陈智松　刘佳聪

李瑞鑫　孙　您　郑　旭　孙　璐　李筱盈　苑晓晴

朱文正　刘守华　郝苑全　关伊含　韩　晟

东北大学第二十二届研究生支教团名单（2020—2021）

陈瑞彬　李青坡　裴攀科　张　浩　崔佳琦　王　悦

仇　钰　李承放　李靖宇　聂　夏　霍佳锐　阚红淼

叶嘉明　宋治民　姚文哲　陈　平　马尹川　薛兆谨

郭光庆　李秉轩　闻　亮　吕若璠　靳耀宇

东北大学第二十三届研究生支教团名单（2021—2022）

钱奕卓　杜书影　王　智　刘沛灼　程玉杰　石　劢

夏得鑫　牛锦华　李国成　唐　亮　张作伊　罗刚刚

管玉蓉　侯昱宇　刘烨彤　王骋飞　沈安馨　李　悦

姜　充　周　啸　秦思浩　郝　爽　蔡天予

东北大学第二十四届研究生支教团名单（2022—2023）

王瑞明　钱重宇　许志鹏　刘　妍　黄小渭　王嘉阅

叶体民　许萌哲　沙子钰　杨一波　郝云瑞　沈元博

胡　晴　周凯菲　韩康明　李怡颖　刘泽阳　韩　珂
马玥璠　孙琦铭　张　洋　潘佳奇　阴俊然

东北大学第二十五届研究生支教团名单（2023—2024）

孙小瑜　战嘉莹　满　超　侯瑞丰　张海鹏　高诗昂
冯文相　李雨桐　姜佳钰　张紫婷　孟宪慧　温　敏
李　伟　韩泽欣　徐静怡　程丽杰　齐雅昕　姜翔舰
高　硕　费跃琦　唐秀方　齐淑仪　沈文龙

后　记

用一年不长的时间，做一件终生难忘的事

试问岭南应不好。却道。此心安处是吾乡。

——宋・苏轼《定风波・南海归赠王定国侍人寓娘》

又是一年毕业季，夏日和蝉鸣铭记了青春的过往，天南海北的同学们各奔一方。自 2006 年东北大学选派第一批研究生支教团远赴新疆服务以来，至今已度过了 17 年。时光荏苒，在一次次的相聚与别离中，支教队员们与远方的大小朋友结下了深厚的友谊，把服务地当作了自己的第二故乡。

铭记是为了更好地传承。为赓续记录东北大学研究生支教团成员们的成长过程，还原在西部支教时那些感人瞬间，我们在《西部十年》的基础上，对 2017 年后东北大学研究生支教团的故事进行补充和拓展，编委会同志们耐心而细心地收集整理编辑资料，力争呈现给读者们一个个生动全面的支教故事。回顾那些刚刚毕业的支教团成员们有过怎样的彷徨与迷茫，寻找那些时间沉淀后，仍在记忆中熠熠生辉的感人瞬间。但由于编者能力有限，书中难免有疏漏，恳请各位读者朋友不吝赐教。

在本书的创作过程中，编者无时无刻不在思考这样一个问题："究竟一年怎样的时光，才配得上'终生难忘'四个大字？"诚然，一年的时间太短，本科的阅历太薄，很难说能做出怎样惊天动地的伟业。支教的过程就像一则课文讲述的那样：

暴风雨后，海边沙滩有许多被卷上来的小鱼，一个小

男孩不停地捡起小鱼扔回大海。

有人劝他："孩子，沙滩上有成百上千条小鱼，你救不过来。"

小男孩回答："我知道。"

"那你为什么还在扔？谁在乎呢？"

"这条小鱼在乎，我救下的每条小鱼都在乎……"

这样的例子，在我们整理资料的过程中比比皆是，成为东北大学研究生支教团最好的注解。支教团成员们就像沙滩上的小男孩，在一个宁静的午后，默默地捡拾着小鱼。这是一个令他难忘的午后，对鱼也是。

但对支教团成员来说，也许他们从未有过如此充实而快乐的时光，以至于在离开时不由得红了眼眶。多日前，

编者所在支教地校园剪影

编者曾经支教过的学生即将参加高考，与我畅谈着未来职业选择。我不由得联想到《明朝那些事儿》的结尾，作者写遍明朝 300 余年风云激荡，最后的镜头却脱离王侯将相，定格在一介布衣徐霞客身上。一切已在不言中。我摘抄部分段落寄语于她们，今日在此以飨读者。

我之所以写徐霞客，是想告诉你：所谓百年功名、千秋霸业、万古流芳，与一件事情相比，其实算不了什么。这件事情就是——用你喜欢的方式度过一生。

汉代的张骞、唐代的玄奘、元代的耶律楚材，他们都曾游历天下，然而他们都接受了皇帝的命令，受命前往四方。

我只是个平民，没有受命，只是穿着布衣，拿着拐杖，穿着草鞋，凭借自己，游历天下，故虽死，无憾。

于是便有了《徐霞客游记》中的一句：“初四日，兀坐听雪溜竟日。”

那一天，山下的我们，正奔忙着追逐富贵与功名。但徐霞客却坐在黄山绝顶，听了一整天的大雪融化声。

所谓终生难忘的，不过是那段不负热爱、奔赴山海的青春与过往。

东北大学研究生支教团的同学们就这样接力出发，他们用自己喜欢的方式，度过了一年时光。

本书编委会

2023 年 12 月